Anonymous

Die Satiren des Avlvs Persivs Flaccvs samt einer erklaerenden Uebersetzung

Anonymous

Die Satiren des Avlvs Persivs Flaccvs samt einer erklaerenden Uebersetzung

ISBN/EAN: 9783743698314

Hergestellt in Europa, USA, Kanada, Australien, Japan

Cover: Foto ©Thomas Meinert / pixelio.de

Weitere Bücher finden Sie auf **www.hansebooks.com**

BERLIN UND LEIPZIG
BEY GEORGE JACOB DECKER
1775.

An den Leser.

Die Absicht der gegenwärtigen Uebersetzung ist nicht, den Römer für die, welche ihn in seiner Sprache nicht hören wollen, deutsch reden zu lassen, sondern dem Leser, der mit dem Originale näher bekannt seyn mögte, die Mühe vieles Nachsuchens in den Schriften der Ausleger zu erleichtern oder zu ersparen. Wenn man diese Arbeit gemeinnützig finden sollte, so könnte man auch Juvenals und Horazens Satiren auf eben diese Weise liefern.

SATIRA I.

ec fonte labra prolui Caballino,

Nec in bicipiti somniasse Parnasso *

Memini, ut repente sic poëta prodirem;

Heliconiadasque, ** pallidamque Pirenen

Illis remitto, † quorum imagines lambunt

Hederae sequaces: ipse semipaganus

Ad sacra vatum carmen affero nostrum.

Quis expedivit psittaco suum χαῖρε,

[Corvos quis olim concavum salutare,]

Picasque docuit verba nostra conari? ††

   * *Parnaso.*   ** *Heliconidesque.*   † *relinquo.*
   †† *blandiri.*

Erste Satire.

Nie habe ich die den Musen geheiligte Quelle, die man dem Hufschlage des geflügelten Pegasus zu verdanken hat, mit starken Zügen gekostet, und ich erinnere mich nicht, jemalen auf dem zweyköpfichten Hügel des dem Bacchus und Apollo geheiligten phocischen Berges Parnassus, gleich einem Hesiodus oder Ennius, geräumet zu haben, um dadurch plötzlich zum Dichter zu werden, und als ein solcher aufzutreten. Die Heliconischen Schwestern, die den böotischen Berg Helicon liebenden Musen, und ihren in der Festung zu Corinth aus den Thränen der Pirene entsprungenen düstern Brunnen, 5 überlasse ich von Herzen gern allen denen, um deren Bildsäulen das folgsame und sie gleichsam mit seinen zungenförmichten Blättern beleckende Epheu kriechet. Ohne ganz in den Geheimnissen der Kunst bewandert zu seyn, lege ich meine nicht fliegenden Verse dem Apollo, in der ihm auf dem palatinischen Berge von dem Augustus geweihten Bibliothek, zu Füssen. Man verwundere sich nicht über die Menge der Dichter: Wer hat den Papagey von den Fesseln seines Unvermögens befreyet, und ihn gelehret, die Vorbeygehenden zu grüssen? 10 (wer hat vormahls jene Raben unterrichtet, einen Cäsar und Antonius mit hohler Stimme anzureden?) wer hat der El

Magister artis, ingeniique largitor,
Venter, negatas artifex sequi voces.
Quod si dolosi spes refulserit nummi,
Corvos poëtas', & poëtrias * picas
Cantare credas Pegaseion ** melos. † —   15
O curas hominum! o quantum est in rebus inane!
Quis leget haec? — min' tu istud ais, nemo hercule? —
nemo? —
Vel duo, vel nemo. — turpe & miserabile. — quare?
Ne mihi Polydamas vel Trojades Labeonem
Praetulerint? nugae. non †† si quid turbida Roma   20
Elevet, accedas; examenve improbum in illa
Castiges trutina; nec te quaesiveris extra;
Nam Romae quis non?... ah si fas dicere! sed fas
Tunc, cum ad canitiem, & nostrum istud vivere triste
Adspexi, & nucibus facimus quaecunque relictis.   25

* *poëtridas; poëtidas,*   ** *Pegaseium.*   † *nectar.*
†† *num.*

Erste Satire.

ster gewiesen, sich an die Nachahmung unsrer Wörter zu wagen? Der kunstverständige Hunger, welchem man große Gaben und Genie zu verdanken hat, lehrte sie, einen Versuch mit der Stimme zu machen, die ihnen die Natur versagt hatte. Kaum glänzet die Hofnung auf tückisches oder durch Gleißnerey zu erhaltendes Gold, so wird der Rabe zum Dichter, und Elstern singen so, 15 daß man schwören sollte, ihre Lieder seyen begeistert, und in denselben höre man das Concert der Musen. — Was sich doch die Menschen für Sorgen machen! wie ganz eitel und vergeblich sind alle ihre Bemühungen! wer wird diese Verse lesen? — Und dieses sagst du mir? Niemand, beym Herkules schwöre ich, niemand wird sie lesen. — Niemand? — Vielleicht ein Paar Freunde; vielleicht auch gar niemand. — Das wäre ja schändlich und zum Erbarmen. — Und warum? etwan, weil es mir gehen könnte wie dem Hector, als er die Vorwürfe sowohl des weisen Polydamas als der weibischen Trojaner fürchtete, weil mich in diesem Falle weder die Vornehmen noch der Pöbel einem Labeo, dem elenden Uebersetzer Homers, dem großlestichten Schmierer, vorziehen würden? 20 Elende Bedenklichkeit! Man muß nicht gleich beyfallen, wenn das auffahrende Rom einer Sache, die es erheben will, zujauchzet; der falschen Zunge dieser Wage muß man zurechte helfen. Man muß seinen Richter nicht ausser sich suchen; denn, wer ist in Rom nicht...? O wenn man nur reden dürfte! Aber reden muß ich, wenn ich bemerke, wie ärmlich wir uns betragen, 25 und zwar seit

Cum sapimus patruos: tunc, tunc, ignoscite, nolo;

(Quid faciam? sed sum petulanti splene cachinno)

Scribimus inclusi, numeros ille, hic pede liber,

Grande aliquid, quod pulmo animae praelargus anhelet.

Scilicet haec populo, pexusque, togaque recenti,   30

Et natalitia tandem cum sardonyche albus,

Sede leges * celsa, liquido cum plasmate guttur

Mobile collueris, ** patranti fractus ocello.

Heic neque more probo videas, neque voce serena,

Ingentes trepidare Titos, cum carmina lumbos †   35.

Intrant, & tremulo scalpuntur ubi intima versu;

Tun' vetule auriculis alienis colligis escas?

Auriculis, quibus & dicas cute perditus, ohe! —

     *legens. ** colluerit. † lumbum.

der Zeit, da wir uns von den Nüssen und allen Kinderspielen entwöhnten, bis wir zu Greisen geworden. Selbst alsdann, wenn wir ernsthafte Catonen spielen, wenn wir uns wie strenge und ihre Neffen scheltende Oheime betragen, (verzeihet mir, wenn ich lache; es fällt mir unmöglich, meiner in mir aufwallenden Begierde Einhalt zu thun, ich will es nicht, ich kann es nicht.) noch in selbiger Zeit bemühen wir uns, in unserm Studierzimmer verschlossen, Schriftsteller zu werden. Der eine setzt in Versen, der andere in ungebundener Rede, etwas so Grosses, so Erhabenes, so Ausgedehntes, auf, daß es sich, auch bey dem Lungenmächtigsten, ohne Lungengefahr nicht weglesen und herauskeuchen läßt. 30 Die Haare künstlich aufgekämmt, neu und weiß gekleidet, mit dem zierlichsten Geburtstagsgeschmeide und Fingerringen ausgeschmückt, liesest du, von dem erhabenen Sitze, nicht einigen Freunden, sondern einem versammelten Volke, etwas vor, nachdem du dir zuvor den Hals mit einem dazu bereiteten Safte glatt und beugsam gemacht hast; und deine weibisch-schmachtenden Augen drehen sich lüstern rund umher. Hier siehet man die Grossen 35 Roms, solche, die sich vielleicht nur um des tragenden Namens willen, rühmen, von dem sabinischen Könige Titus Tatius abzustammen, sich auf eine nicht rühmliche Weise wie vor Wollust erschüttern, und eine unmännliche Stimme des Lobes erheben, wenn ein sanfter schlüpfriger Vers sie kitzelt, wenn er sich in ihren Lenden einschleichend, ihre innersten Begierden rege macht. Alter Rö-

Quo * didicisse, nisi hoc fermentum, & quae semel ** intus

Innata est, rupto jecore exierit caprificus? —   40

En pallor, seniumque! o mores! usque adeone

Scire tuum nihil est, nisi te scire hoc sciat alter? —

At pulcrum est, digito monstrari, & dicier, hic est.

Ten' cirratorum centum dictata fuisse

Pro nihilo pendas? — Ecce inter pocula quaerunt   45

Romulidae saturi, quid dia poëmata narrent.

Heic aliquis, cui circum humeros hyacinthina † laena est,

Rancidulum quiddam balba de nare locutus,

Phyllidas, Hypsipylas, vatum & plorabile si quid,

Eliquat, & tenero supplantat verba palato: 50

*quid. **simul. † ianthina.

Erste Satire.

mer! so bemühest du dich denn, fremden verzärtelten Ohren Nahrung zu verschaffen? Ohren solcher Leute, welchen du (der du, durch Ruhmsucht aufgeschwollen, in Gefahr zu zerplatzen bist) zulezt selbst, obgleich wider deinen eigenen Willen, wirst sagen müssen: O ihr Herren! genug, genug! — Wozu soll denn das Lernen und Wissen dienen, wenn man ihm, und wenn man dem, das einmal in der Leber erzeuget worden, der Ruhmsucht, den Ausgang verwehren will? ist es nicht dem Sauerteige 40 gleich, der aufgähret, und ausbricht? oder dem wilden Feigenbaume, der zwischen Felsenritzen wächst, und sie auseinander sprenget? — So ist denn dieses der Endzweck dessen, der durch vieles Lernen blaß und dietlich wird! Wie weit ist es in unsern Tagen mit den Sitten gekommen! Hat dein Wissen keinen Werth, wenn es nicht Andern, dem Ohre des Pöbels, geprahlet wird? — Doch ist es etwas Reizendes, wenn man mit dem Finger auf uns weiset, und einer dem andern sagt: das ist der Mann. 45 Hat es bey dir keinen Werth, wenn hundert aus der edlen krausköpfigen Jugend deine Werke daher sagen, die ihnen in der Schule zu lernen aufgegeben worden? — Vortreflich! und was noch vortreflicher ist: Römer, die edelsten derselben, Abkömmlinge des Romulus, Männer und Weiber, die sich bey einer Gasterey satt gegessen haben, reden bey dem Falerner von dem Werthe göttlicher Gedichte. Einer derselben, dessen Schultern ein weiches Purpurkleid zieret, stammelt etwas Ranzichtes, etwas Eckelerweckendes, durch die stotternde

Quid non intus habet? non heic est Ilias Acci,   65

Ebria veratro? non si qua elegidia crudi

Dictarunt proceres? non quicquid denique lectis

Scribitur in citreis? calidum scis ponere sumen,

Scis comitem horridulum trita donare lacerna,

Et "verum", inquis, "amo, verum mihi dicite de me." 70

Qui pote? vis dicam? nugaris, cum tibi, calve,

Pinguis aqualiculus protenso sesquipede exstet.

O Jane, a tergo quem nulla ciconia pinsit, *

Nec manus auriculas imitata est mobilis albas,

Nec linguae, quantum sitiat canis Apula, tantum!** 75

* *pisat; pisit.* ** *tantae.*

weniger als unempfindlich. Aber das muß ich dir zugleich sagen, daß ich dein "sehr wohl" dein "wie schön ist dieses" nicht für den lezten und eigentlichen Endzweck dessen halte, das ich in bessern Absichten thue. 65 Ueberlege es reiflich bey dir selbst, ob in diesem ganzen Lobe nicht viel Eiteles liege? Befindet sich hier nicht die Ilias des Accius Labeo, aus welcher die Nießwurzel, die ihn bey dem Mangel des Genies begeistern muste, hervorsprudelt? giebt es hier nicht Trauergedichtchen, die von rohen und wollüstigen Edeln, noch vor der Verdauung, aufgesetzet sind? Werkchen, die auf Ruhebetten von köstlichem lobischem Zitronenholze verfertiget worden? Du, mein vornehmer Mann, hast dir die Fähigkeit erworben, eine niedliche warme Schüssel auftragen zu lassen, und du kennest die rechte Zeit, deinen übelgekleideten und vor Kälte schauernden Tischgefährten mit einem abgetragenen Röckchen zu beschenken, und darauf erst im bescheidenen Tone zu sprechen: 70 Ich liebe die Wahrheit; sagt mir, und meinen Versen, nichts zu lieb, als was mit der Wahrheit übereinstimmet. Wie sollte ihnen dieses möglich seyn? Wenn es dir beliebet, so will ich dich mit der Wahrheit erfreuen: Deine Arbeit ist ein albernes Zeug, kahlköpfichter Versmacher, dem der fette Speisebehalter anderthalb Schue weit hervorpratzet. O Janus, der du zwey Gesichter hast! hinter deinem Rücken äffet der Spötter nicht mit dem Daumen und Zeigefinger dem Storchenschnabel nach; keine Hände ahmen den weißhaarichten und sich bewegenden Eselsohren nach; 75 keine Zunge

Vos, o patricius sanguis, quos vivere jus * est

Occipite coeco, posticae occurrite sannae.

Quis populi sermo est? quis enim? nisi carmina molli

Nunc demum numero fluere, ut per laeve severos

Effundat junctura ungues; scit tendere versum   80

Non secus ac si oculo rubricam dirigat uno;

Sive opus in mores, in luxum, in ** prandia regum,

Dicere, res grandes nostro dat musa poëtae.

Ecce modo heroas sensus afferre videmus †

Nugari solitos graece, nec ponere lucum   85

Artifices, nec rus saturum laudare, ubi corbes,

* fas.   ** &.   † docemus.

Erste Satire.

hängt heraus, wie im dürstenden apulischen Windspiele: Ihr aber, in deren Adern patricisches Blut rinnet, seyd nur vornenher mit einem Paar Augen begabet, und daher habt ihr nöthig, euch vor dem zu hüten, der euch, seinen Mund verdrehend, hinter dem Rücken äffet. Aber (spricht der vornehme Schriftsteller) was sagt man denn überhaupt von meiner Arbeit? Man sagt, (und was sollte man anders sagen?) unsern Zeiten sey es aufbehalten worden, einen Vers recht harmonisch sanftfliessend zu machen, 80 und darinnen, wie auf eingelegten Marmor- oder Holzstückchen, alles so glatt zusammen zu fügen, daß auch der scharfprüfende Nagel hinglitschet und keine Fuge entdecken kann; der Mann, heisset es, verstehet die Kunst, seinen Vers ganz gerade auszudehnen, als ob er an der Richtschnur mit Fleisse das eine Auge geschlossen hätte, um mit dem andern die Fläche seiner Arbeit, oder den Röthelstrich, desto richtiger zu prüfen. Es kömmt nicht darauf an, ob man eine Satire gegen die Sitten, die Verschwendung, oder die prächtigen, etwan auch blutigen und tragischen Gastereyen der Großen schreiben wolle: die Muse begeistert unsern Dichter mit nichts als erhabenen Dingen. Ist sichs wohl darüber zu verwundern? Man sieht ja, wie wir von den Lehrmeistern fordern, unsre Jungen in heroisch-erhabenen Dingen zu unterrichten; 85 Kinder, die kaum angewiesen worden, in der griechischen Sprache, den ersten Grundsätzen zufolge, einige Aufsätze zu wagen; kleine aufkeimende Künstler, die mit Mühe versuchen, einen Hain zu besingen, ein

Et focus, * & porci, & fumosa palilia foeno,

Unde Remus, sulcoque terens dentalia, Quinti,

Quum ** trepida ante boves dictatorem induit uxor.

Et tua aratra domum lictor tulit. Euge, poëta! 90

Est nunc Briseis † quem venosus liber Acci, ††

Sunt quos Pacuviusque & verrucosa moretur

Antiopa, "aerumnis cor luctificabile fulta."

Hos pueris monitus patres infundere lippos

Cum videas, quaerisne, unde haec fartago * loquendi 95

Venerit in linguas? unde istud dedecus, in quo

Trossulus exsultat tibi per subsellia laevis?

Nil ne pudet capiti non posse pericula cano

* *fucus.* ** *quem.* † *Brisaei.* †† *Acti; Atti.*
* *farrago.*

Erste Satire.

mit allem Nöthigen zum Ueberflusse versehenes Landgut zu loben, da es nicht an Körben, an Feuerherden, an Mastschweinen mangelt, da man an dem Feste der Hirtengöttin Pales über das rauchende und reinigende Strohfeuer hüpfet; eine ländliche Gegend, da Remus gebohren worden; da du, Quintius Cincinnatus, das Pflugeisen in den Furchen stumpf machtest, da Racilia, deine vor Freude und Eifer zitternde Ehegenossin, dir, im Angesichte deiner Pflugochsen, dir, dem Dictator, deinen bey der Arbeit weggelegten Rock anzog, 90 und ein Lictor dein Arbeitsgeräthe nach Hause bringen ließ. Heil dir, junger Dichter! wie wohl ist dir zu Muthe, wenn alles rund um dich zu deinem Lobe jauchzet! Noch fehlet es an solchen nicht, welchen eine Briseis gefällt, dieses Trauerspiel des Accius, das einem hagern abgelebten Manne gleicht, an dem die Adern hervorstrotzen; und die sich mit Vergnügen bey der runzlichten tragischen Antiope des Pacuvius aufhalten, die "nichts als ihre Beschwerlichkeiten zur Stütze ihres leidbeschwängerten Herzens macht." Wenn man sehen muß, wie triefäugige alberne Väter ihren Söhnen 95 solche Lehren einflößen, so wird es wohl die Frage nicht mehr seyn, wo dieses rauschende Sprachgemische seinen Ursprung hergenommen habe? woher die wirkliche Schande komme, welche die seinen weichlichen Zuhörer, (die aufgeputzten römischen Ritter, die sich mit dem Namen brüsten, den sich ihre Vorfahren durch Eroberung der etruscischen Festung Trossulum erworben,) so entzückt macht, daß sie vor Freuden durch die Bänke

B

Pellere, quin tepidum * hoc optes audire, "decenter!"

Fur es, ait Pedio; Pedius quid? crimina rasis   100

Librat in Antithetis; doctus ** posuisse figuras

Laudatur; bellum hoc, hoc bellum! an Romule ceves?

Men' moveat quippe, &, cantet si naufragus, assem

Protulerim? cantas, cum fracta te in trabe pictum

Ex humero portes? verum, nec nocte paratum   105

Plorabit, qui me volet incurvasse querela. —

Sed numeris decor est & junctura addita † crudis;

Claudere sic versum didicit: "Berecinthius Attin, ††

* *trepidum.* ** *doctas.* † *abdita.* †† *Attys.*

Erste Satire.

hüpfen? ist es nicht schändlich, daß man nicht einmal vor Gerichte von dem alten Haupte eines Verklagten die Gefahr abtreiben kann, ohne sich zugleich zu bemühen, durch Beredsamkeit dem Richter wenigstens ein laues, abgeschmacktes, oder von Vergnügen zitterndes, "das war sehr zierlich gesprochen" abzugewinnen? 100 Ein Sachwalter spricht zu dem, wegen Raubsucht von den Cyrenern verklagten Senator Blesus Pedius: Du bist ein Dieb. Und was spricht Pedius? Um die Lasterthat von sich abzulehnen, bringt er aufgeputzte und sich herausnehmende Sprüche hervor, bey welchen er jede Kleinigkeit, in den blanken Wagschalen seiner Gegensätze, auf das geflissenste abgewogen hat; er trägt das Lob davon, daß er, als ein Gelehrter, sich der Bildersprache sehr wohl zu bedienen gewußt habe. Zierlich! rufen alle Zuhörer, zierlich war dieses gesprochen! O Römer, Abkömmling des großen Romulus, kann dir ein so schändlich schmeichlendes Wesen gefallen? Soll mich der Gesang dessen rühren, und mir einen Groschen zum Almosen herauslocken, der mir seinen Schifbruch vorsinget, dessen Hergang er, auf einer Tafel gemahlet, 105 an dem Halse hangen hat? Singest du mir nicht auch auf eben diese Weise etwas vor? Man muß wahrhafte, und nicht solche Thränen vergiessen, auf die man sich die Nacht hindurch vorbereitet hat, wenn man mich durch Weheklagen weichherzig machen will. — Gut! aber die Verse, welche heut zu Tage den Beyfall erhalten, haben etwas in sich, das sanft und zierlich fliesset; das Rohe ist durch einen zusam-

Et qui coeruleum dirimebat Nerea Delphin."

Sic: "Coſtam longo ſubduximus Apennino." 110

"Arma virum," nonne hoc ſpumoſum & cortice pingui

Ut ramale vetus praegrandi * ſubere coctum? —

Quid igitur tenerum, & laxa cervice legendum? —

"Torva mimalloneis implerunt cornua bombis.

Et reptum vitulo caput ablatura ſuperbo 115

Baſſaris, & lyncem Maenas flexura corymbis;

Evion ingeminat, reparabilis adſonat eccho." —

Haec fierent, ſi teſticuli vis ulla paterni.

Viveret in nobis? ſumma delumbe ſaliva

Hoc natat in labris, & in udo eſt Maenas & Attin." 120

Nec pluteum caedit, nec demorſos ſapit ungues. —

Sed quid opus teneras mordaci radere vero

Auriculas? vide ſis ne majorum tibi forte

Limina frigeſcant; ſonat heic de nare canina 125

* *vegranii.*   ** *Attis.*

menstimmenden Wohlklang verschlungen. Willt du ein Muster haben, wie angenehm insonderheit der Schluß in den Versen eines heutigen Dichters ist? "... vom berecyn-thischen Attis; und dem Delphin in dem himmelblauen Reiche der Thetis." 110 Oder muß dir nicht dieses gefallen: "Ich nahm eine Ribbe der apenninischen Klippe." Lautet dieses nicht zierlicher, als jener Anfang der Aeneis des Virgils: "Die Waffen und den Mann;" denn, was ist dieses anders, als ein eiteler Schaum, eine stroßende Rinde, gleich einem alten Aste des Baumes, der lange der kochenden Sonne ausgesetzet, ganz knorricht geworden? — Gut! so führe mir etwas an, das recht zart ist, und sich ohne Anstrengung des Halses lesen läßt. — "Mimaloneisch blasen die Hörner, und wecken das Rasten: 115 Bassaris reißt geschwinde das Haupt weg dem muthigen Rinde; Schaden kann nicht der Luchs mit Epheu verstrickt von Menaden; Evion, seufzt man, und Evion ruft auch Eccho gelinde." — Würde man also schreiben, wenn sich noch etwas von der männlichen Stärke unsrer Väter in uns befände? Dieses nervenlose Zeug kömmt nicht aus der Brust herauf, sondern schwimmt nur auf dem Rande des Speichels unsrer Lippen; 120 Mänas und Attis liegen also im Feuchten, und müssen schlaff werden; hier braucht es kein Schlagen auf den Schreibtisch; hier zeigt es sich, daß man die Nägel über der Arbeit nicht weggebissen habe. — Ist es aber so nothwendig, zarte Ohren mit der beissenden Wahrheit zu plagen? Siehe dich vor, 125 sonst wirst du an den Thüren der Groß-

Littera. — Per me equidem sint omnia protinus alba;

Nil moror; euge, omnes, omnes bene mirae eritis res.

Hoc juvat? heic, inquis, veto quisquam faxit oletum.

Pinge duos angues; "pueri, facer est locus; extra

Mejite." Discedo. Secuit Lucilius urbem;   130

Te Lupe, te Muti, & genuinum fregit in illis.

Omne vafer vitium ridenti Flaccus amico

Tangit, & admissus circum praecordia ludit,

Callidus excusso populum suspendere naso:

Men' mutire nefas, nec clam, nec cum scrobe? — nus-

quam. —   135

Heic tamen infodiam. Vidi, vidi ipse, libelle:

sen so wenig Vergnügen als an einer kalt gewordenen Speise haben; bald wird man dich da in dem Tone ergrimmter Hunde anschnarren. — O, meinetwegen mag von Stunde an alles vortreflich seyn; bey mir hat es keinen Anstand mehr. Wolan! alles, alles was mir in Zukunft von diesen Dichtern vorkömmt, soll mir, so wie auch sie selbst, eine wunderschöne Sache seyn. Habt ihr nicht Freude an mir? Hier, sprichst du, gebiete ich, daß sich niemand unterstehe, diese Schriften zu verunreinigen. Gut, mein Freund! mahle zwo den Kindern fürchterliche Schlangen an die Mauer, und schreibe darüber: "Kinder! der Ort ist heilig; 130 wenn ihr etwas ungeziemliches zu thun habt, so verrichtet es draussen." Ich habe also das meinige gethan, und trete ab. Dennoch hat der Satirenschreiber Lucilius die ganze Stadt unter die Zähne genommen; dich, Rutilius Lupus, dich, Mutius Albutius, so vornehm ihr immer waret, hat er mit Namen genennet; an ihnen hat er mit Gefahr seines Gebisses genaget. Der feine Horaz läßt auch an seinem Freunde kein Laster unberührt, ob er es gleich also einrichtet, daß derselbe zugleich lachen muß; im Lachen schleicht er sich spielend in das Herz; und die Leute mit guter Art unter das Gesicht zu bestrafen, versteht er meisterhaft: 135 Soll es mir allein nicht vergönnet seyn, das geringste, auch nur heimlich, auch nur in die Grube, zu lispeln? — Nirgends wohin. — Dennoch will ich es, gleich dem Bartscherer des Midas in ein Grübchen, hier in diese Schrift, vergraben. Ich habe es gesehen, mein Buch,

"Auriculas afini Midas rex * habet." Hoc ego opertum,

Hoc ridere meum tam nil, nulla tibi vendo

Iliade. Audaci quicunque afflate Cratino,

Iratum Eupolidem, praegrandi cum sene, palles! 140

Aspice & haec, si forte aliquid decoctius audis.

Inde vaporata lector mihi ferveat aure.

Non hic, qui in crepidas Grajorum ludere gestit

Sordidus, & lusco qui poscit ** dicere: lusce!

Sese aliquem credens, Italo quod honore supinus 145

Fregerit heminas Areti aedilis iniquas,

* *quis non.*   ** *possit.*

Erste Satire.

ich habe es selbst gesehen: "Der König Midas hat Eselsohren." - Dieses mein Geheimniß, dieses mein Lachen, so sehr du es gleich für nichts hältst, würde ich dir nicht für eines Labeo (oder selbst eines Nero) Ilias verhandeln. Du, der du bey dem Lesen der Werke der alten griechischen Schauspielschreiber, z. E. eines kühnen Cratinus, wie durch den Hauch begeistert geworden, der 140 du die Schriften eines eifrigen Eupolis, und des noch im hohen Alter Satiren schreibenden Aristophanes, des größten Meisters in dieser Kunst, so fleißig liesest, daß du darüber ganz blaß geworden, ja dich zuweilen entfärbest, als ob du dich unter seinen bestraften Zuhörern befändest, dich lade ich ein, auch auf meine Arbeit einen Blick zu werfen, wenn dir je etwas darinnen vorkömmt, das zur gehörigen Reife ausgearbeitet und gleichsam ausgekocht worden. Solche fleißige Leser wünsche ich mir, deren gieriges und feines Ohr von griechischer Weisheit durchdüftet und zubereitet ist. Der mag mich immer ungelesen lassen, der sichs, bey seinem filzigen und eckelhaften Betragen, zur Freude macht, über die Schuhe und den ganzen reinlichen Aufputz der Griechen zu spotten, und der es über sein Herz nicht bringen kann, einem Einäugigen sein Gebrechen nicht vorzuwerfen; 145 auch der, welcher sich auf seine Person recht was Großes einbildet, und stolz und steif einhertritt, weil Italien ihn mit einem Ehrenamte bekleidet sieht, und er in Artium [Arezzo], einem tuscischen Landstädtchen, als Aedilis ein falsches Kornmaaß zerbrechen darf; der gleichfalls,

Nec qui abaco numeros, & secto in pulvere metas

Scit risisse vafer, multum gaudere paratus,

Si cynico barbam petulans Nonaria vellat;

His mane edictum, post prandia Callirhoën do.   150

SATIRA II.

Hunc, Macrine, diem numera meliore lapillo,

Qui tibi labentes apponit * candidus annos;

Funde merum Genio: non tu prece poscis emaci,

Quae nisi seductis nequeas committere Divis.

   * *apponet.*

der sich zu der verschmitzten Weisheit emporgeschwungen hat, über alle Philosophen und besonders über die zu lachen, welche die Rechenkunst und Geometrie durch Zahlen und Figuren lehren, die sie auf mit Sande bestreute Bretter, diesen ehrwürdigen Schulstaub, zeichnen; der gleich zum frohen Lachen aufgelegt ist, sobald eine muthwillige Gassenmetze, die ihr Haus um neun Uhr (um drey Uhr Nachmittag) jedermann aufschliesset, einen cynischen Weisen, wie die Lais den Diogenes, beym Barte zupft. 150 Seines gleichen mögen immer des Morgens ihrem Geize vor Gerichte etwas zu gute thun, oder den angeschlagenen Schauspielzeddel bedächtlich durchlesen; und den Abend bey einer verruffenen Calliroe, oder in einem üppigen Lustspiele, vertändeln.

Zweyte Satire.

Diesen Tag, mein Plotius Macrinus, dein Geburtstag, der glücklich ist, und deinen verflossenen Jahren noch mehrere Lebensfrist beyfüget, bezeichne mit einem weissen Steinchen, rechne ihn unter deine besten. Giesse freudig den zum Opfer geheiligten Wein deinem dir bey deiner Geburt vorgesetzten Schutzgeiste aus. Du bist nicht denen gleich, welche, anstatt sich etwas einfältiger Weise von den Göttern zu erbeten, unter Gegenversprechungen es ihnen abfordern, und gleichsam einhandeln wollen; du hast ihnen nicht schändliche Dinge anzuvertrauen, bey

At bona pars procerum tacita libabit * acerra.   5

Haud cuivis promtum est, murmurque humilesque susurros

Tollere de templis, & aperto vivere voto.

"Mens bona, fama, fides" haec clare, & ut audiat hospes;

Illa sibi introrsum, & sub lingua immurmurat: "O si

Ebullit ** patrui praeclarum funus!" &: "O si   10

Sub rastro crepet argenti mihi seria dextro

Hercule! pupillumve utinam, quem proximus haeres

Impello, expungam! namque est scabiosus, & acri

Bile tumet. Nerio jam tertia ducitur † uxor!"

Haec sancte ut poscas, tiberino in gurgite mergis   15

Mane caput bis, terque, & noctem flumine purgas.

* *libavit.* ** *ebullet.* † *conditur.*

Zweyte Satire.

welchen du nöthig hättest, sie beyseite zu rufen, um es ihnen heimlich vorzutragen. 5 Und dennoch pflegt ein guter Theil der Großen aus diesem Grunde das Rauchpfännchen stillschweigend hinzusetzen, oder recht leise zu beten. Es kömmt nicht jedermann leicht an, sich allemal in den Tempeln bey dem Gebete des leisen Murmelns zu enthalten, und sein Anliegen, und seine Wünsche, mit erhabener Stimme vorzutragen. "Um Weisheit, Ruhm, Tugend, flehe ich euch an, ihr Götter!" Das spricht man ganz laut, daß jedermann es hören, und auch ein die Sprache nur mittelmäßig besitzender Fremder es verstehen kann; aber nur zwischen den Zähnen murmelt man: "O wenn ich 10 doch fein bald meinem Oheime ein prächtiges Leichenbegdngniß anordnen könnte!" oder auch dieses: "O wenn mich Herkules, der Vorsteher verborgener Schätze, der die Arbeit mit Reichthümern belohnet, begünstigen wollte, und unter meiner Hacke ein mit Gelde gefüllter Topf zersplitterte! wenn ich doch einmal den Mündling, dem ich als der nächste Erbe auf die Fersen trete, herausstechen, und ihm seinen Abschied verschaffen könnte, um in den Besitz seines Vermögens zu kommen! unrecht würde ihm nicht geschehen, weil er ja schon kränkelt, und sich scharfe Galle bereits in ihm blähet. Wie glücklich ist der Wucherer, und durch Heurathen sich bereichernde Nerius! schon wird ihm die Leiche seiner dritten Ehefrau zu Grabe getragen." 15 Um dieses auf eine recht heilige Weise zu fordern, tauchest du frühe morgens dein Haupt andächtig zwey bis drey-

Heus age, responde: (minimum est quod scire laboro)

De Jove quis sentis? estne ut praeponere cures

Hunc — cuinam?* cuinam? vis Staio? an scilicet haeres,

Quis potior judex, puerisve quis aptior orbis?   20

Hoc igitur, quo tu Jovis aurem impellere tentas,

Dic agedum Staio. Prô Jupiter, o bone, clamet,

Jupiter! At sese non clamet Jupiter ipse?

Ignovisse putas, quia, cum tonat, ocyus ilex

Sulfure discutitur sacro, quam tuque, domusque.   25

An quia non fibris ovium, Ergennaque jubente,

* *cuiquam.*

mal in Waſſer aus der Tiber, und reinigeſt dich alſo von der Nacht, und allen ihren unſaubern Träumen und Geſchäften. Sage mir einmal, (nur dieſes wenige mögte ich von dir wiſſen) was machſt du dir für einen Begrif von dem Jupiter? würdeſt du dieſen nicht vorziehen — Wem? — Wem, fragſt du mich? ich könnte dir ſagen, allen und jeden Menſchen; ich könnte dir beſonders einen Gutta, einen Balbus, anführen, ich will dir aber nur Einen nennen, von dem du es gewiß geſtehen wirſt: wird dieſes nicht Stajus (Stajenus) ſeyn? Könnte man wohl einen Anſtand haben, ſich zu erklären, 20 ob Jupiter oder dieſer berüchtigte Stajus, der aus Erbſucht ſeinen Bruder und deſſen ſchwangere Gemahlin vergiftete, und den jungen und reichen Aſinius, ſeinen Mündel, umbringen ließ, der beſſere, der den Waiſen gewogenere Richter ſey? Nun, ſo ſage dieſem Stajus dasjenige, dadurch du das Ohr Jupiters zu beſtürmen dich erfrecheſt. Gewiß wird Stajus erzürnt, und zum Zeichen ſeines Abſcheues, ausrufen: "o Jupiter! gütiger Gott!" und ſollte der entrüſtete Jupiter nicht ſelbſt ein ſolches "o Jupiter!" ausrufen? Du glaubeſt, daß er von dir und deinen Thaten nichts wiſſe, und ſich unbeſtraft ſchimpfen laſſe, weil bey ſeinem Donner eher eine Eiche als du, und dein Haus, 25 durch das heilige Schwefelfeuer des Blitzes zerſplittert wird. Wie! weil du nicht in einem heiligen Walde von dem Donnerkeile bereits erſchlagen worden, und deine Leiche nicht, vermittelſt der Einweihung des die Eingeweide aus (wie in ihnen die zween

Triste jaces lucis, evitandumque bidental,

Idcirco stolidam praebet tibi vellere barbam

Jupiter? aut quidnam est, qua tu mercede deorum

Emeris auriculas? pulmone & lactibus unctis? 30

Ecce avia, aut metuens Divum matertera, cunis

Exemit puerum, frontemque & uda labella

Infami digito, & lustralibus ante salivis

Expiat, urentes oculos inhibere perita;

Tunc manibus quatit, & spem macram supplice voto 35

Nunc Licini in campos, nunc Crassi mittit in aedes:

Hunc optent generum rex & regina; puellae

Hunc rapiant; quicquid calcaverit hic, rosa fiat!

Zweyte Satire.

Zähne andeuten) zweyjährigen Schafen opfernden hetruscischen Wahrsagers, des Ergenna, als ein schauervolles und nicht zu berührendes Denkmal des Zornes des Himmels, erstarrt da liegt, aus dieser Ursache beredest du dich, daß Jupiter, gleich einem bethörten Manne, dir seinen Bart hinreiche, damit du ihn höhnisch daran reissen mögest, so wie Dionysius dem Aesculapius seinen goldenen Bart wegstahl? Oder, wenn du nicht so ganz ausschweifend denkest, was hast du in deinem Besitze, durch dessen Anbietung 30 du die Ohren der Götter bestechen könntest, daß sie dich ungestraft hinleben lassen? Wie! durch Lungen und milchweisse fette Gedärme der Thiere willt du dieses zu Stande bringen? Siehe, eine Großmutter, oder eine alte die Götter fürchtende Muttersschwester, nimmt den neuntägigen Knaben aus der von der Göttin Cunina beschützten Wiege, und bezeichnet ihm, mit dem in das heilige Leimen- und Speichelgemische getauchten Mittelfinger, (mit dem man nur auf die weiset, welche man beschimpfen will) die Stirn und die kleinen feuchten Lippen; denn sie ist eine Meisterin in der Kunst, die Folgen eines schädlichen auf das Kind geworfenen Zauberblickes zu vereiteln; 35 darauf schlägt sie das Kind mit ihren Händen, und fleht die Götter an, den kleinen hofnungsvollen Erben mit Ländereyen zu segnen, gleich denen, die der reiche Licinius Stolo besitzet, und mit Pallästen, wie sie der mit Häusern handelnde Crassus bewohnet. Sie spricht: O mögte ein König und eine Königin sich diesen lieben Jungen

C

Ast ego nutrici non mando vota; negato

Jupiter haec illi, quamvis te alba rogarit. 40

Poscis opem nervis, corpusque fidele senectae.

Esto, age: sed grandes patinae, tucetaque crassa,

Annuere his superos vetuere, Jovemque morantur.

Rem struere exoptas caeso bove, Mercuriumque

Arcessis fibra. Da fortunare Penates, 45

Da pecus, & gregibus foetum! quo, pessime, pacto,

Tot tibi cum in flammis junicum omenta liquescant?

Et tamen hic extis, & opimo vincere ferto, *

Intendit; jam crescit ager, jam crescit ovile.

* *farto.*

dereinst zum Eidame wünschen! mögten sich die Mädchen um seinen Besitz erzanken! mögte alles, was sein Fuß betritt, zu Rosen werden! Nein, eine Amme ist es nicht, deren ich in diesem Falle Wünsche und Gebeter anvertrauen wollte. 40 Jupiter! versage ihr dasjenige, um welches sie dich auch in dem weissesten Opferkleide bittet. Du begehrest von den Göttern, daß sie dir die Nerven stärken, und daß sie deinem der gebietenden Seelen getreuen und folgsamen Leibe bis in das späteste Alter die Kräfte bewahren. Wolan! dieses Gebet ist sehr gut: allein, die großen Schüsseln, und das fette Speisengemische, dazu fremde Länder den Stof und die Namen hersenden müssen, lassen den Göttern nicht zu, deinen Bitten zu entsprechen, und stehen dem bereitwilligen Jupiter im Wege. Du wünschest, daß dein Vermögen in Aufnahme komme: und was thust du zu diesem Ende? du schlachtest den besten deiner Ochsen, um durch die Eingeweide den Merkur 45 zu bestechen, und auf deine Seite zu bringen.... O laß mein ganzes Hauswesen beglücket seyn, gieb mir eine schöne Heerde, laß sie sich stark vermehren!.... Unsinniger! (mögten dir die Götter antworten) wie soll dieses geschehen, da du so manches Netz der schönsten Rinder und jungen Kühe durch die Flammen verzehren lässest?... Und dennoch beredet sich der abergläubige Thor, durch Eingeweide und gewürzreiche Kuchen den Gott zu besiegen, und zu seinem Endzwecke zu gelangen. Ja, denkt er, bald werden sich meine Ländereyen vermehren, bald werden meine Heerden

Jam dabitur, jam, jam; donec deceptus & exſpes 50

Nequicquam fundo ſuſpiret nummus in imo.

Si tibi crateras argenti, incuſaque pingui

Auro dona feram, ſudes, & pectore laevo *

Excutias ** guttas, laetari † praetrepidum †† cor:

Hinc illud ſubiit, auro ſacras quod ovato 55

Perducis facies; nam fratres inter aēnos,

Somnia pituitâ qui purgatiſſima mittunt,

Praecipui ſunto, ſitque illis aurea barba.

Aurum vaſa Numae, Saturniaque impulit aera,

Veſtalesque urnas, & thuſcum fictile mutat. 60

  * *laeto.* ** *excutiet; excutint.* † *laetetur.*
   †† *pertrepidum.*

Zweyte Satire.

heranwachsen, so bald, bald werden die Götter mir meinen Wunsch gewähren. So spricht er immer, bis er sich betrogen, und seine Hofnung verschwunden sieht, indem der lezte einsame und von seinen Gefehrten verlassene Thaler auf dem Boden seiner Kiste seufzet, aber vergeblich seufzet. Wenn ich dir silberne Wassergefässe, und andere Geschenke brächte, die mit dichtem Golde eingelegt wären, so würdest du vor hüpfender Freude schwitzen; deine närrische Brust würde sich so freuen, daß sie den Augen Thränen auspreßte; dein Herz würde vor Vergnügen zittern; [dein zur Freude eilendes Herz würde an der linken Seite deiner Brust Schweißtropfen heraus preßen.] Und daher, weil du von den Göttern wie von dir denkest, lässest du dir es zu Sinne kommen, erobertes und im Triumphe herumgeführtes Gold zur Verfertigung der Bilder der Götter für das Pantheon zu widmen; unter den ehernen um den palatinischen Tempel des Apollo herumstehenden Bildsäulen der funfzig Söhne des Aegyptus hältst du diejenigen für die ehrwürdigsten, welche dir die kräftigsten Heilungsmittel gegen Morgen, wenn die Verdauungszeit vorbey ist, im Traume offenbaren, und diesen bestellest du goldene Bärte. Das Gold hat die heiligen Gefässe, die Numa, nach der frommen Einfalt, von Töpfererden verfertigen ließ, verächtlich gemacht, und verdränget, wie auch die ehernen Gefässe, in welchen der öffentliche Schatz in dem Tempel des Saturns aufbewahret worden; so es giebt den Wasserurnen der Vestalinnen ein ganz anderes Ansehen, und tuf-

O curvae in terris * animae, & coelestium inanes!

Quid juvat hoc, templis nostros immittere mores,

Et bona diis ex hac scelerata ducere pulpa?

Haec sibi corrupto casiam dissolvit olivo,

Et calabrum coxit vitiato murice vellus; 65

Haec baccam conchae rasisse, & stringere venas

Ferventis massae crudo de pulvere jussit.

Peccat & haec, peccat; vitio tamen utitur; at vos

Dicite, Pontifices, in sancto ** quid facit aurum?

Nempe hoc, quod Veneri donatae a virgine pupae. 70

Quin damus id superis, de magna quod dare lance

* *terras*. ** *sanctis; sacro*.

eischer Thon darf sich nicht mehr sehen lassen. O Seelen, die sich ganz in die Erde verwickelt haben, zu welcher sie sich herabbeugten, und von himmlischen Dingen ganz leer sind! Wozu soll es dienen, daß wir unsre verderbten Leidenschaften und Sitten in die Tempel bringen, und glauben, daß wir den Göttern durch dasjenige was zu Gute thun, das unserm durch Laster geschändetem Fleische reizend vorkömmt? Jene böse Leidenschaft macht sich eine köstliche Salbe, indem sie dem Oele durch eingemischte schwarze Cassia eine ganz andere Natur giebt, 65 und läßt die feine tarentinische oder calabrische Wolle mit dem Safte der zu Grunde gerichteten Purpurschnecke durchkochen. Diese giebt Befehl, die Perl von der Muschel zu lösen, und aus dem rohen Erdstaube die metallreichen Adern durch das Feuer hervorzuzwingen. Jede thut unrecht, sie thut gewiß unrecht; was man aber, in gewissem Verstande zu ihrem Behufe sagen kann, ist dieses: jede verschaft sich durch ihren Fehler ein gewisses Vergnügen   Ihr aber, ihr Priester, sagt uns, wozu dienet das Gold bey Dingen, die den Göttern geheiligt sind? 70 Zu mehrerm wird es ihnen wohl nicht dienen, als was der Venus die Puppen oder Kinderdocken helfen, welche ihr von mannbaren Töchtern, als die Zeitvertreibe ihres vorigen Lebens, dargebracht werden. Lasset uns vielmehr den Göttern dasjenige geben, welches ihnen ein im Alter durch seine Schwelgereyen triefäugig gewordener Messalinus Cotta, ein am Leibe und Geiste verdorbener Erbe eines großen Marcus Valerius Corvinus

SATIRA II.

Non possit magni Messalae lippa propago:

Compositum jus fasque animo, * sanctosque recessus

Mentis, & incoctum generoso pectus honesto.

Haec cedo, ut admoveam ** templis, & farre litabo.

* *animi.*   ** *admoveant.*

SATIRA III.

Nempe haec assidue? jam clarum mane fenestras

Intrat, & angustas extendit lumine rimas.

Stertimus indomitum quod despumare Falernum

Sufficiat, quinta dum linea tangitur umbra.

En quid agis? siccas infana canicula messes   5

Jam dudum coquit, & patula pecus omne sub ulmo est —

Messala, bey seinem großen Reichthume, und stattlichen Opferplatten, zu geben nicht im Stande ist: ein zu der genauesten Beobachtung einer jeden Pflicht gegen die Menschen und gegen Gott gestimmtes Gemüthe; eine recht heilige Beschaffenheit dessen, das tief in dem Geiste verborgen liegt; und ein Herz, welches von der tapfersten und großmüthigsten Tugend so wie mit der unverdunberlichsten Farbe durchgekocht, oder durch und durch eingenommen ist. 75 Gieb mir diese Dinge, daß ich sie mit mir in die Tempel nehme, so werde ich mit einem kleinen Opfer von Salz und Gerstenmehle die Götter versöhnen.

Dritte Satire.

Nun! so bleibt es denn immer bey dieser Weise? das heißt mir fleißig seyn! der helle Morgen dringt bereits durch die Fenster hinein, und sein Licht dehnet sich durch die kleinen Ritzen, die dadurch wie vergrößert scheinen, weit aus. Wir schnarchen so, daß es zureichend wäre, die in einem mit sprudelnden Falerner überfüllten Magen aufsteigenden Dünste zu vertheilen; wirklich ist es nahe beym Mittage, indem der Schatten bereits den fünften Strich der Sonnenuhr erreichet hat. 5 Wie! was thut man denn? der ungesunde Sirius, wütende Hundsstern, oder die sich in dem Zeichen des Krebses befindende Sonne, kocht schon lange die lechzenden Erndten, und alle

Unus ait comitum: verumne? itane? ocyus adfit

Huc aliquis; nemon? turgescit vitrea bilis;

Findor — ut * Arcadiae pecuaria rudere credas ** —

Jam liber, & bicolor positis membrana capillis,   10

Inque manus chartae, nodosaque venit arundo.

Tunc queritur, crassus calamo quod pendeat humor,

Nigra quod infusa vanescat sepia lympha;

Dilutas queritur geminet quod fistula guttas —

O miser! inque dies ultra miser! huccine rerum   15

Venimus? at cur non potius, teneroque columbo †

Et similis regum pueris, pappare minutum

Poscis, & iratus mammae lallare recusas? —

An tali studeam calamo? — cui verba? quid istas

Succinis ambages? tibi luditur; effluis †† amens;   20

* *finditur.* ** *dicas.* † *palumbo.* †† *& fluis.*

Dritte Satire.

Heerden haben sich in die Schatten der Ulmenbäume gelagert. — Auf dieses Zurufen des Philosophen spricht einer der jungen Herren: Kann es wohl möglich seyn? ist es wirklich also? schon so spät? geschwind; ist keiner meiner Bedienten hier? keiner? die lichte Galle blähet sich in mir; mir ist, als ob ich zerbersten müßte — Wirklich! denn wie du schreyest, dächte man bald, die erhabene Stimme großer arkadischer Esel zu hören. — 10 Nun wird dem jungen Herrn das Buch in die Hand gegeben, wie auch Pergament, das von den Haaren gereinigte Pergament, das auf der einen Seite weiß, und auf der andern gelb ist, egyptisches Papyr, und das zur Feder geschnittene Rohr. Dann geht es an ein Klagen: die zu dicke Dinte, die dem Safte des Blackfisches gleichet, hängt sich zu stark an die Feder; nun ist zu viel Wasser darein gegossen, und die Schwärze verschwunden; die Feder, aus welcher die Dinte zu geschwind fließt, schreibt doppelt — 15 Elender! um den es von Tag zu Tage noch elender stehen wird! ist es so weit mit uns gekommen? warum führest du dich nicht noch lieber wie ein verzärteltes Täubchen auf? warum forderst du nicht, gleich einem Königskinde, mit jämmerlicher Stimme, daß man dir die klein verkaute Speise in den Mund schiebe, und vereitelst die Mühe der Amme, die dich durch ihr Singen in Schlaf bringen will? — Kann es möglich seyn, mit einer solchen Feder zu schreiben? — Wen trachtest du mit Worten abzuspeisen? wozu dienen die Ausflüchte, 20 mir immer was unschickliches vorzuschwatzen?

Contemnêre; sonat vitium percussa, maligne

Respondet viridi non cocta fidelia limo;

Udum & molle lutum es; nunc, nunc properandus, & acri

Fingendus sine fine rota — sed rure paterno

Est tibi far modicum, purum & sine labe salinum;   25

Quid metuas? cultrixque foci secura patella est. —

Hoc satis? An deceat pulmonem rumpere ventis,

Stemmate quod tusco ramum millesime ducis,

Censoremne * tuum vel quod trabeate salutas?

Ad populum phaleras; ego te intus & in cute novi.   30

* *Censoremve; Censoremque.*

Dritte Satire.

deine eigene Sache ist auf das Spiel gesetzet. Du, der du dich selbst bethörest, bist kinem nicht genug gebrannten Gefässe gleich, darinn das Wasser, welches darinn, wie selbst der Name des Gefässes ausweiset, "getreulich" sollte aufbewahret seyn, sich aller Orten Auswege findet. Mit Recht wird man dich verachten. Das gespaltene Gefäß, dem du gleich bist, giebt einen falschen Ton, wenn man daran schlägt; es antwortet sehr schwach; anbey ist der Stoff desselben noch zu frisch, noch nicht ausgebacken. Du bist ein nasser weicher Leimen; nun, nun muß man mit ihm eilen, und ihn auf der schnell herumlaufenden Scheibe ohne Unterlaß bilden. — Aber dein von deinen Ahnen ererbter Landsitz 25 verschafft dir ein zureichendes Auskommen; da wartet auf dich ein reinliches und unschuldiges Salzfäßchen; dein Vermögen wird dir sicher bleiben, weil es rein und ohne betrügerische Kunstgriffe gesammelt worden! Was solltest du zu befürchten haben? um so weniger, da man nie vergessen hat, von den Speisen einen den Göttern zum Opfer gebührenden Theil in einer kleinen Schüssel auf den Herd zu stellen, dadurch man des Segens über das Ganze versichert werden kann. — Ist dieses zureichend, uns des höchsten Gutes theilhaftig zu machen? Ist es weislich gethan, daß du mit solchen Dingen, die nichts als Winde sind, die Lunge bis zum Zerplatzen anfüllest, indem du dich rühmest, daß du aus einem hetruscischen Stamme sprossest, von welchem du den tausendsten Ast ausmachest; oder weil du bey der Musterung, als ein römischer Ritter, in

SATIRA III.

Non pudet ad morem difcincti vivere Nattae?

Sed ftupet hic vitio, & fibris increvit opimum

Pingue; caret culpa, nefcit quid perdat; & alto

Demerfus fumma rurfus non bullit in unda.

Magne pater divum, faevos punire tyrannos   35

Haud alia ratione velis, cum diva libido

Moverit ingenium ferventi tincta veneno:

Virtutem videant, intabefcantque relicta!

Anne magis ficuli gemuerunt aera juvenci,

Et magis auratis pendens laquearibus enfis   40

Dritte Satire.

einem mit Purpur bebrähmten Kleide, den Censor als Vater oder Anverwandten grüssen kannst? 30 Bey dem Pöbel sey es dir vergönnt, dich mit solchem äusserlichen Glücke, wie das Pferd mit seinen Verzierungen, zu brüsten; mir bist du ganz von Grund aus bekannt. Schämest du dich nicht, so schlutticht, so liederlich und ausgelassen, gleich einem schwelgenden Natta, oder einem aus dem niederträchtigsten Pöbel, zu leben? Ein solcher ist so unglücklich nicht, als du bist: das Laster hält ihn so sehr besessen, daß er viel zu tumm ist, etwas von Tugend zu wissen; seine Fibern sind zu viel mit Fett umzogen, als daß ihm eine Empfindsamkeit zurückgeblieben wäre; keine Schuld drücket ihn, weil ihm nie einfällt, daß eine Schuld auf ihm liege; er weiß nicht, was er durch den Mangel der Tugend verliere; in Absicht auf dieselbe, zu deren Einsicht er auch nicht für einen Augenblick gelangen kann, ist er demjenigen gleich, der, tief im Wasser versunken, auch nicht so vielen Athem mehr herausläßt, daß er das geringste Bläschen auf der Oberfläche zeugen könnte. 35 Jupiter! Großer Vater der Götter! wenn du wütende Tyrannen strafen willt, in welchen eine greuliche Lust, darinnen ein gährendes Gift herrschet, jede Scharfsinnigkeit zu Greuelthaten wecket, so thue es blos dadurch, daß du ihnen die Tugend zeigest; und laß sie sich grämen, daß sie dieselbe verlassen haben! Hat Perillus, auf Befehl des sicilischen Königs Phalaris, den ehernen Ochsen, seine eigene Erfindung, ängstlicher brüllen gelehret; 40 hat in dem prächtigen Speisezimmer des

Purpureas subter cervices terruit, imus,

Imus praecipites, quam si sibi dicat, & intus

Palleat infelix, quod proxima nesciat uxor?

Saepe oculos memini tangebam * parvus olivo,

Grandia si nollem morituri verba Catonis **   45

Discere, ab insano multum laudanda magistro,

Quae pater adductis sudans audiret amicis,

Jure: etenim id summum, quid dexter senio ferret,

Scire erat in voto; damnosa canicula quantum

Raderet; angustae collo non fallier orcae;   50

Non quis callidior buxum torquere flagello.

Haut tibi inexpertum, curvos deprendere mores,

    * *tingebam.*   ** *morituro verba Catoni.*

Dritte Satire.

Dionysius ein schmeichlender Damokles, dessen Schultern ein Purpurmantel zierte, das über seinem Haupte an der vergoldeten Oberdecke schwach hangende Schwerdt schrecklicher gefunden: ist er wirklich unglücklicher, als der Elende, der sich selbst martert, indem er bey sich denket: bald gehen wir, gewiß werden wir bald, ich und mein Haus, zu Grunde gehen müssen; und der das heimlich verschlucken muß, das ihn ganz blaß macht, und sich solcher Verbrechen schuldig weiß, die er selbst seiner an seiner Seiten liegenden Ehegenossin verschweigen muß? Freylich erinnere ich mich noch, daß ich mir oft, indem ich noch ein kleiner Schuljunge war, Oel in die Augen strich, 45 weil ich eine verstiegene Rede über die lezten Worte des in Utika sterbenden Cato nicht auswendig lernen wollte, welche sich mein eben nicht aufrichtiger und meinen Eltern schmeichelnder Lehrmeister zu loben gezwungen sah, und welche mein vor Stolz und Eile schwitzender Vater, samt den eingeladenen Freunden, anhören sollte. Ich handelte damals meiner Kindheit und Absicht gemäß; denn mir war nichts angelegener als zu wissen, was mir im Würfelspiele der Wurf von sechs eintragen, der Wurf von eins hingegen, der verwünschte Hundswurf, schaden werde; so oder zuzusehen, daß niemand in den engen Hals des Glückstopfs eine falsche Nuß werfe; [daß meine geworfenen Nüsse richtig in den Topf fallen,] oder ob jemand auf eine verschmiztere Weise den Kreuseltopf herumpeitsche. Dir hingegen ist es keine unbekannte Sache mehr, wie man durch die

Quaeque docet sapiens braccatis illita Medis

Porticus, insomnis quibus & detonsa * juventus

Invigilat, siliquis & grandi pasta polenta;   55

Et tibi, quae samios diduxit ** litera ramos,

Surgentem dextro monstravit limite callem.

Stertis adhuc? laxumque caput compage soluta

Oscitat hesternum, dissutis undique malis.

Est aliquid quo tendis, & in quod dirigis arcum?   60

An passim sequeris corvos, testaque lutoque,

Securus quo pes ferat, atque ex tempore vivis?

* *indetonsa.* ** *deduxit.*

Dritte Satire.

Sittenlehre ausfinde, ob etwas Tugend oder Laster sey; du weissest, was in Athen gelehret wird, in dem bedeckten Gange der stoischen Weisen, dessen Wände Polygnotus mit den Bildnissen der von einem Miltiades, Themistokles, und andern griechischen Feldherren überwundenen Perser und Meder, in ihren langen Beinkleidern, bemahlet hat; da die lehrbegierige Jugend auch zur Mitternachtzeit gewecket und unterrichtet wird; sie, deren Haar weggeschnitten ist, damit sie durch den Aufputz keiner Zeit beraubet werde; 55 und die mit den Hülsen schlechter Bohnen, und gröstentheils mit Gerstenmusse, genähret wird. Dir ist es gesagt worden, wie dir der samische Weise, Pythagoras, unter dem Bilde des Buchstabens Y, der zween Aeste ausbreitet, das menschliche Leben vorstelle; der Stamm ist gerade und einförmig, ein Bild des ersten durch die Lehrmeister geleiteten jugendlichen Alters; dann erheben sich zween Fußsteige; der zur Linken, welcher zum Laster führet, ist breit und leicht zu gehen; der zur Rechten aber, durch den man zur Tugend gelanget, ist schmahl und hat seine Schwierigkeiten. Du, schnarchest du noch? du bist jenem gleich, dessen schlaffer Kopf, darinnen nichts, wie es seyn sollte, zusammenhängt, durch die Dünste des gestrigen Weines, die er, wie es scheint, gern herausgähnen mögte, angefüllt ist, und bey dem sich das Uebel durch Leib und Seele verbreitet. 60 Hast du dir einen Endzweck vorgesetzet, den du zu erreichen suchest, ein Ziel, nach welchem du deinen Bogen richtest? Bist du in deinen Verrichtungen

Helleborum frustra, cum jam cutis aegra tumebit,

Poscentes videas. Venienti occurrite morbo.

Et quid opus Cratero magnos promittere montes? 65

Discite, o miseri, & causas cognoscite rerum;

Quid sumus; & quidnam victuri gignimur; ordo

Quis datus; aut metae quam * mollis flexus, & unde **

Quis modus argento; quid fas optare; quid asper

Utile nummus habet; patriae carisque propinquis 70

Quantum elargiri deceat; quem te Deus esse

Jussit, & humana qua parte locatus es in re,

* *quâ.* ** *undae.*

Dritte Satire.

jenem jungen Thoren gleich, der bald hier bald da den Raben mit Scherben und Grundschollen nachlduft, dem es gleich ist, wo ihn die Füsse hintragen, und der auf wankendes Gerathewol hinlebt? Es zeigt sich, daß man vergeblich nach Nießwurzel schreyet, wenn sich die Haut schon seit langem ausgespannet hat. Der Krankheit müßt ihr im ersten Anfange vorbeugen. 65 Was hilft es itzt, dem Arzte, und wenn es auch ein Craterus wäre, der zur Zeit des Augustus so berühmt war, große, goldene Berge zu versprechen? Lernet, Elende, lernet, die Ursache der Dinge einsehen, die den Menschen begegnen; was wir seyen; zu was für Lebensgeschäften wir gebohren worden; in welchen Rang das Schicksal, dem der Weise willig sich unterwirft, uns gesetzet habe; wie und wo wir, auf der gefährlichen Laufbahn des Lebens, wie jene in dem Circus mit dem Wagen, [oder auf dem Wasser mit dem Schiffe,] das Ziel mit Behutsamkeit umfahren müssen, damit wir uns nicht, der Tugend nachjagend, an dem Laster, das ihren Schein annimmt, beschädigen; in wie weit wir uns nach Reichthümern bestreben dürfen; wie ferne unsere Wünsche gehen müssen; 70 was für einen ächten Nutzen das zu Gelde geprägte Metall habe, welches, wenn es frisch geschlagen ist, dem Gefühle immer etwas rauch vorkömmt; wie weit unsre Freygebigkeit gegen das Vaterland, und gegen werthe Anverwandte, gehen müsse; lerne, in welches Verhältniß dich Gott gegen die Deinen gesetzet, und welche Stelle er dir in der menschlichen Gesellschaft zu

SATIRA III.

Disce; nec invideas, quod multa fidelia putet

In locuplete penu, defensis pinguibus Umbris,

Et piper & pernae Marsi monumenta clientis, 75

Maenaque quod prima nondum defecerit orca.

Heic aliquis de gente hircosa Centurionum

Dicat: quod sapio, satis est mihi; non ego curo

Esse quod Arcesilas, aerumnosique Solones,

Obstipo capite, & figentes lumine terram, 80

Murmura cum secum, & rabiosa silentia rodunt,

Atque exporrecto trutinantur verba labello,

Aegroti veteris meditantes somnia: "gigni

De nihilo nihil; in nihilum nil posse reverti."

Hoc est, quod palles? cur quis non prandeat, hoc est? 85

His populus ridet, multumque torosa juventus

Dritte Satire.

vertreten anvertrauet habe. Bewahre dich durch Zufriedenheit vor dem Neide, wenn du gleich sehen mußt, wie sehr beglückt sich ein reicher Sachwalter zu seyn dünket, wenn ihm ein begüterter Umbrier, dessen Rechtsache er vertheidiget, mit Weine gefüllte Fässer zum Geschenke schickt, von welchen ein manches in seinem Keller verdirbt; 75 wenn sein Marsischer Client ihm einen Pack mit Pfeffer und Schinken nach Hause sendet, ja ihn schon wieder mit einer Tonne gesalzner Fische beschenket, ehe er noch das erstere verbrauchet hat. Hier aber, deucht mich, höre ich einen von den Kriegsleuten, die auf Säuberlichkeit und Wolgeruch wenig verschwenden, also sprechen: Für mich weiß ich genug; ich mögte nicht seyn, was ein grüblender und zweiflender akademischer Arcesilas, was ein in den Tagen des alten Tarquinius lebender arbeitseliger Solon war: 80 ihr Kopf sitzt vor lauter Nachsinnen auf einem steifen Halse; die Augen haben sie schielend auf die Erde geheftet; immer murmeln sie etwas bey sich; und ihr Schweigen hat vieles von der Stille des wütenden Hundes, der nicht bellen kann; mit hervorragender Lippe wägen und zergliedern sie die Wörter; sie denken den Träumereyen eines Alten nach, dessen Verstand nicht der gesundeste war: "aus nichts werde nichts; nichts könne wieder ins nichts zurückkehren:" 85 So sind es denn diese schönen Dinge, über deren Ausfindung du so blaß wie eine Leiche wirst? so ist es dieses, um deswillen man eine gute Mahlzeit versäumet? Es ist nicht einer unter dem Pöbel, der solchen Weisen nicht

Ingeminat tremulos, naso crispante, cachinnos.

Inspice, nescio quid trepidat mihi pectus, & aegris

Faucibus exsuperat * gravis halitus, inspice, sodes,

Qui dicit medico, jussus ** requiescere, postquam 90

Tertia compositas vidit nox currere venas,

De majore domo, modice sitiente lagena,

Lenia loturo sibi surrentina rogavit —

Heus bone, tu palles — nihil est — videas tamen istud

Quicquid id est; surgit tacite tibi lutea pellis —   95

At tu deterius palles; ne sis mihi tutor;

Jam pridem hunc sepeli, tu restas — perge, tacebo.

Turgidus hic epulis, atque albo ventre, lavatur,

Gutture sulfureas lente exhalante mephites,

Sed tremor inter vina subit, calidumque triental † 100

* *exsudat; exuberat.* ** *visus.* † *trientem.*

Dritte Satire.

unter die Augen lacht; und die handfesten zum Kriege gezogenen Jünglinge brechen mit gerümpfter Nase in ein gichterisches und erschütterndes Hohngelächter aus. Höre, was ich dir hierüber erzählen will: Einer dieser Eisenfresser wird krank, und spricht zum Arzte: siehe doch nach; ich weiß selbst nicht, warum mir das Herz so klopft; ein brennender Athem wird durch die kranke Kehle heraufgetrieben; 90 siehe doch nach, ich bitte recht schön. Dem Kranken wird die Ruhe verordnet. In der dritten Nacht findet er, daß das Geblüt die Adern richtig durchlaufe, daß der Puls in Ordnung gekommen; er läßt sich in einem vornehmen Hause, in einer bescheiden dürstenden leeren Flasche, von einem abgelegenen surrentinischen Weine ausbitten, und verfügt sich, nach dem Genusse desselben, in das Bad. — Mein lieber Mann, (spricht darauf der Arzt) wie kömmt es, daß du so blaß bist? — Es ist nichts — Du hast nöthig, daß du darauf denkest, 95 was es auch immer ist; die Haut ist leimfarbicht, und dehnet sich nach und nach aus. — Aber du bist ja selbst blaß, und siehst noch elender aus, als ich; nimm es dir ja nicht heraus, mein Vormünder zu werden; diesen habe ich schon lange begraben; nun wird die Reihe an dir seyn. — Gut! lebe nach deinem Gutdünken; ich werde ferner kein Wort verlieren. — Dieser schwillt durch sein Wolleben immer mehr auf; die weißlichte Farbe seines Leibes ist Zeuge von seiner Krankheit; und auch fährt er fort, sich des Bades zu bedienen; aus seinem Halse steigen träge widerliche Schwefelgerüche, die

Excutit è manibus; dentes crepuere retecti;

Uncta cadunt laxis tunc pulmentaria labris.

Hinc tuba, candelae; tandemque beatulus alto

Compositus lecto, crassisque lutatus amomis,

In portam rigidos calces extendit; at illum   105

Hesterni capite induto subiere Quirites —

Tange miser venas, & pone in pectore dextram,

Nil calet hic; summosque pedes attinge, manusque,

Non frigent. — Visa est si forte pecunia, sive

Candida vicini subrisit molle puella,   110

Cor tibi rite salit? Positum est algente catino

niemanden, als der in dem Tempel bey Cremona verehrten Gestankgöttin Mephitis, angenehm seyn können; 100 beym Zechen aber überfällt ihn bald ein Zittern; der warme Becher, [denn warm trinkt der Kranke den Wein] entsinkt den kraftlosen Händen; die Zähne klappen, die bis an die Wurzel frey stehen; die fetten niedlichen Speisen fallen aus den schlaffen Lippen. Auf dieses muß nothwendig das Getöne der Leichentrompeten folgen, und das Anzünden der Trauerlichter: der sogenannte Wolselige wird, als ein Reicher, auf ein hohes Prachtbett gebührend eingehüllet, verzieret, gelegt, mit köstlichen Specereysalben bestrichen; 105 die starren Füsse liegen gegen die Thüre des Hauses ausgestreckt; und endlich legen ihn seine gewesenen Sclaven, seit gestern durch seinen Tod zu freyen römischen Bürgern geworden, mit bedecktem Haupte, auf ihre Schultern. — Was, spricht ein Wollüstling, geht mich alles dieses an? Elender Stümper! fühle meinen Puls; lege deine Hand auf meine Brust; hier ist nichts von übernatürlicher Hitze; betaste das Aeusserste meiner Füsse und Hände; kalt sind sie gewiß nicht — Wenn dir aber von ungefehr eine Summe Geldes zu Gesichte kömmt, oder 110 wenn dir das schöne Mädchen deines Nachbars sanft und verstohlen zulächelt, fährt alsdann dein Herz fort, ordentlich zu schlagen? [würde nicht ein Arzt Erasistratus dabey deine Leidenschaft eben so leicht entdecken, als er die Liebe des Antiochus Soter gegen die Stratonice, die Gemahlin seines Vaters, des Seleucus Nicanor, entdecket hat?]

Durum olus, & populi cribro decuſſa farina:

Tentemus fauces; tenero latet ulcus in ore

Putre, quod haud deceat plebeja radere beta.

Alges, cum excuſſit membris timor albus ariſtas! 115

Nunc face ſuppoſita fervescit ſanguis, & ira

Scintillant oculi, dicisque, facisque, quod ipſe,

Non ſani eſſe hominis, non ſanus juret Oreſtes.

SATIRA IV.

Rem populi tractas? (barbatum haec crede magiſtrum
Dicere, ſorbito tollit quem dira * cicutae.)

    * *dura.*

Dritte Satire.

Man hat dir in einer kalten Schüssel hartes Gartengemüse aufgetischet, und Brod vorgelegt, wie man es für den Pöbel aus grobgesiebtem Mehle bereitet: nöthig wird es itzt seyn, dir nach dem Halse zu sehen; in dem zarten Munde hält sich ein faules Geschwür versteckt; dem Munde, welcher nicht gemacht ist, von dem baurischen Kohle zerkratzet zu werden. 115 Du schauerst nun: indem die blasse Furcht deine Haut so zusammen ziehet, daß deine Haare, gleich bärtigen Kornähren, zu Berge strotzen! Bald sieht man, daß die Fackel des Zornes das Geblüt in Wallung bringet, und zugleich funkeln die Augen; deine Reden und Handlungen sind so beschaffen, daß, ich will nicht sagen ein Weiser, daß selbst ein nicht weiser und nicht weit sehender Orestes, nachdem er in Wuth gerathen, weil er, seines Vaters Tod rächend, seine Mutter Clytemnesira, samt dem Ehebrecher Aegisthus, getödtet, sicher schwören könnte, sie seyen Kennzeichen eines am Verstande gebrechlichen Menschen. [Also liegst du an Geize, Wollust, Weichlichkeit, Furcht und Zorne krank darnieder.]

Vierte Satire.

Du, unterstehest du dich, das Steuerruder des Staates zu führen? (glaube, daß dieses aus dem Munde des Sokrates komme, des alten und erfahrnen Weisen, den der grausame griechische Schierlingtrank, auf die Ver-

SATIRA IV.

Quo fretus? dic hoc, magni pupille Pericli.

Scilicet ingenium, & rerum prudentia, velox

Ante pilos venit, dicenda tacendaque calles?   5

Ergo, ubi commota fervet plebecula bile,

Fert animus calidae fecisse silentia turbae,

Majestate manus. Quid deinde loquere. — Quirites,

Hoc, puto, * non justum est; illud male; rectius illud —

Scis etenim justum gemina suspendere lance   10

Ancipitis librae; rectum discernis, ubi inter

Curva subit, vel cum fallit pede regula varo,

Et potis es nigrum vitio praefigere theta!

Quin tu igitur summa nequicquam pelle decorus

* *puta.*

ordnung der ruchlosen Athenienser, der Welt entrissen hat.) Was ist es, darauf du dich so zuversichtlich verlässest? Sage mir dieses, du, Alcibiades, der du dich vor allem ausrühmest, daß du, nach Verordnung deines Vaters, des Klinias, der Mündling deines Oheims, des großen Perikles, bist! Ohne Zweifel ist dir die Einsicht in die freyen Künste, das Genie, und die Klugheit zur Verwaltung öffentlicher Geschäfte, sehr schnell 5 und noch vor dem Barte gekommen; und du verstehest es vollkommen, wenn man am schicklichsten zu reden und zu schweigen hat? Wenn sich die Galle des aufgebrachten Volkes geblähet hat, so setzest du daher nicht den geringsten Zweifel in deine Macht, dem erhitzten Schwarme durch die Majestät deiner ausgestreckten Hand das Stillschweigen aufzulegen. Und was sagst du sodann? — Römer, meiner Einsicht nach ist dieses nicht recht; jenes war übel gethan; weit besser würde es also seyn. — 10 O ja, du besitzest die Kunst, die Schalen der wankenden Wage also aufzuziehen, daß es sich gleich zeiget, auf welcher das Recht liege; du entdeckest im Augenblicke, wo sich das Gerade zwischen dem Krummen hindurch ziehet, und wo das Winkelmaaß täuschet, oder die Bleywage, die einen schiefen Fuß hat; wo nur immer etwas Fehlerhaftes ist, da entdeckest du es gleich; und du schreibest dazu das schwarze Zeichen der Verdammung und des Todes! [den Buchstaben Θ, d. i. Θάνατος, Tod.] Offenherzig zu reden: du, dessen äussersten Haut es nicht an einer gewissen Anmuth fehlet, der du aber

SATIRA IV.

Ante diem blando caudam jactare popello 15

Definis, Anticyras melior forbere meracas?

Quae tibi summa boni est? uncta vixisse patella

Semper, & assiduo curata cuticula sole?

Expecta; haud aliud respondeat haec anus. I nunc:

Dinomaches ego sum, suffla, sum candidus. Esto, 20

Dum ne deterius sapiat pannucia * Baucis,

Cum bene discincto cantaverit ocima vernae.

* *pannucea.*

Vierte Satire.

die bemeldeten innerlichen Fähigkeiten in dir nicht findest, 15 warum unterlässest du es nicht, wie der Pfau zu thun, der seinen bunten Schweif vor dem schmeichelnden Pöbel prahlerisch ausbreitet? [oder gleich dem Hunde zu thun, der sich den Leuten durch die Bewegung seines Schwanzes schmeichlerisch erweiset?] Warum schiebest du es nicht auf, von Tugend zu sprechen, bis die Zeit gekommen, da du, darinnen unterrichtet, zum Besitze derselben gekommen bist? Warum sendest du nicht viel lieber um die feinste Nießwurz nach Anticyra, und trinkst fleissig den daraus bereiteten Trank, der das Gehirn reiniget? Worein setzest du das höchste Gut? In einen steten Ueberfluß der niedlichsten Gerichte, und einen guten Theil des Tages hindurch, mit köstlichen Salben bestrichen, und an der Sonne sitzend, für die Beybehaltung deiner glatten Haut zu sorgen? Nein, bemühe dich nicht, dich zu beschönen; kein Wort mehr; alles, was du zu deiner Verantwortung hervorbringen könntest, würde der schlechteste Mensch, würde hier dieses vorbeygehende alte Weib, eben so gut sagen können. Gehe nun, der du diesem Weibe gleichest, und sage ferner: 20 Ich bin der Sohn der edeln Dinomache. Blase dir stolz beyde Backen auf, und sprich: Auch meine Schönheit macht mich berühmt. [Apollo selbst hat mich für den schönsten unter allen Griechen erkläret, und die grösten Künstler wählen mich bey ihren Bildsäulen zum Muster.] Ich gestehe dir dieses gern, wenn du mir nur auch gestehest, daß eine lumpichte und runzlichte Baucis eben so gut

E

Ut nemo in sese tentat descendere, nemo!

Sed praecedenti spectatur mantica tergo.

Quaesieris: nostin' Vectidi praedia? cujus? 25

Dives arat Curibus quantum non milvus oberret,

Hunc ais? hunc diis iratis, genioque sinistro;

Qui quandoque jugum pertusa ad compita figit,

Seriolae veterem * metuens deradere limum,

Ingemit: "hoc bene sit!" tunicatum cum sale mordens 30

Caepe, & ferratam ** pueris plaudentibus ollam, †

* *veteris.*   ** *farrata.*   † *olla.*

ihren Verstand anpreise, wenn sie einem liederlichen
Sclaven ihr Kraut durch ihr singendes Geschrey als etwas Vortrefliches anrühmet. [oder, wenn sie ihm alle
die Flüche und Schandwörter im Zorne vorsinget, deren
man sich bey der Aussäung des Basiliensamens bedienet,
damit das Kraut desto gesegneter hervorwachse.] O daß
doch niemand, bald gar niemand, auch nur einen Versuch machen will, zur Kenntniß seiner selbst, sich tief in
sein Innerstes hinein zu begeben! jedermann schauet nur
gierig in den Sack, den sein Vorgänger auf dem Rücken
trägt. 25 Kaum hat jemand gefragt: Ist dir das Landgut des Vectidius bekannt? so heisset es: wessen? o ja
des hortreichen Mannes, der im Sabinerlande eine solche Strecke von Aeckern besitzet, die kein Geyer überflie-
gen könnte; von diesem wirst du reden wollen? diesem,
den die Götter in ihrem Zorne liessen gebohren werden,
und der mit seinem eigenen Schutzgeiste nicht in gutem
Vernehmen stehet; der, wenn er je, an einem zu Ehren
der Haus- und Feldgötter verordneten Festtage, den freu-
digen Compitalien, bey einem Heiligthume, das am
Kreuzwege steht und auf jeder der vier Seiten einen Ein-
gang hat, sein Arbeitsgeräthe gezwungenerweise ruhen
läßt, mit Angst und Noth von der Oefnung eines seit
langem verschlossenen Krügchens das Pech wegkratzet; 30
der, wie bey der wichtigsten Unternehmung, tief herauf-
seufzet: "o daß uns dieses gesegnet sey!" der an einer in
sparsames Salz getauchten hautreichen Zwiebel nagt, indem seine Knechte bey dem dicken Habermusse jauchzen;

Pannofam faecem morientis forbet aceti?

At fi unctus ceffes, & figas in cute folem,

Eft prope te ignotus, cubito qui tangat, & acre

Defpuat in mores, penemque, arcanaque lumbi   35

Runcantem, populo marcentes pandere vulvas.

Tu cum maxillis balanatum gaufape pectas,

Inguinibus quare detonfus curculio extat?

Quinque palaeftritae licet haec plantaria vellant,

Elixasque nates labefactent forcipe adunca,   40

Non tamen ifta filix ullo manfuefcit aratro.

Caedimus, inque vicem praebemus crura fagittis,   42

Vivitur hoc pacto: fic novimus, ilia fubter

Caecum vulnus habes; fed lato balteus auro

Praetegit; ut mavis, da verba, & decipe nervos,   45

Si potes — Egregium cum me vicinia dicat,

Non credam? — vifo fi palles improbe nummo,

Si facis, in penem quicquid tibi venit amarum,

Vierte Satire.

und sich einige Schlückchen von den lumpichten Hefen eines schwach aufgeistenden Weines erlaubet, den man nicht mehr, mit gutem Gewissen, Eßig nennen könnte? Du aber, der du in deinem müßigen Leben, in der Sonne sitzend, deinen gesalbten Leib auf die wollüstigste Weise besorgen lässest, meinest du dem Tadel zu entgehen? nein, wisse, daß sich gewiß jemand, an den du nicht einmal denkest, in der Nähe befinde, 35 der heimlich bey sich dein unnützes Betragen bestraft, und deine schändlichen Sitten an den Tag bringen wird. . . . . 42 Also peitschet unser Tadel auf andere los, und wir sind wieder unserseits ihren Pfeilen blosgesetzet. Also ist es einmal in der Welt eingeführet; und also wissen wir, wie schändlich dein Inwendiges beschaffen ist. Aber deinen heimlichen Presten bedecket dein breiter vergoldeter Gürtel, deine prächtige Kleidung, das Merkmal deiner Macht. 45 Darauf verlässest du dich. Handle nach deinem Belieben; trachte, Andern deine Gesundheit vorzuprahlen, und teusche, wenn dir eine unmögliche Sache möglich ist, deine Nerven, deine dir durch Unmäßigkeit zugezogenen Schwächlichkeiten. — Wenn mich aber die ganze Nachbarschaft als das Muster eines vortreflichen Menschen preiset, soll ich es nicht glauben? — Wenn du, gleich dem sich vor keiner Uebervortheilung scheuenden Geizhalse, vor gieriger Sehnsucht blaß wirst, sobald dir nur Geld zu Gesichte kömmt; wenn du dich in sich anbietende Wollüste stürzest, ob sie gleich zu deinem eigenen Verderben dienen; wenn es dir Vergnügen macht, dich

SATIRA IV.

Si puteal multa cautus vibice flagellas:

Nequicquam populo bibulas donaveris aures. 50

Respue quod non es; tollat sua munera cerdo;

Tecum habita:.* noris quam sit tibi curta supellex.

* & : nt.

Vierte Satire.

mit aller Behutsamkeit eines Proceßsüchtigen, und oft, nicht ohne Andern schädliche Wunden beyzubringen, täglich in das Gedränge derjenigen zu mischen, die sich auf dem Markte bey dem Altare einfinden, unter welchem der Wetzstein, und das Schermesser, mit dem der Wahrsager Accius Nävius jenen entzweygeschnitten hat, eingegraben sind, und bey welchem sich Richter, Sachwalter, und Wucherer versammlen: [oder, wenn du eine Freude findest, des Nachts auf dem Markte herum zu laufen, und die dir Begegnenden mit Schlägen oder Schamlosigkeit anzufallen, dabey du aber aus Vorsicht einen Hinterhalt zu deiner Vertheidigung bestellet hast, weil du dir vorhin bey solchen Angriffen nicht geringe Wunden zugezogen:] so so wird es dir wenig helfen, deine, gleich einem jede Feuchtigkeit einschluckenden Schwamme, ruhmdürstenden Ohren dem schmeichelnden Pöbel darzureichen. Verschmähe alles, was blos deine Glücksumstände preiset, und nicht, was du selbst bist. Laß den niederträchtigen Schmeichler das dir zum Geschenke aufgedrungene Lob wieder mit sich wegnehmen. Mache dich tief mit dir selbst bekannt; dann wirst du bald erfahren, wie mager es um dein Hauswesen stehe, welch ein armer und an allem wahren Guten mangelhafter Tropf du seyest.

SATIRA V.

Ad Annaeum Cornutum, cujus fuit auditor.

Vatibus hic mos est, centum sibi poscere voces,

Centum ora, & linguas optare in carmina centum:

Fabula seu moesto ponatur hianda tragoedo,

Vulnera seu Parthi ducentis ab inguine ferrum. *

Quorsum haec? aut quantas robusti carminis offas   5

Ingeris, ut par sit centeno gutture ** niti?

Grande locuturi nebulas Helicone legunto,

Si quibus aut Prognes, aut si quibus olla Thyestae

---

* *telum.* ** *gurgite.*

Fünfte Satire.
An seinen gewesenen Lehrmeister, Annäus Cornutus.

Corn. Bey Dichtern ist es zur Gewohnheit geworden, daß sie sich zu ihren Werken hundert Stimmen fordern, hundert Mäuler, hundert Zungen wünschen, es sey nun daß sie eine Fabel aufsetzen, welche sie für den tragischen Schauspieler bestimmten, damit er sie auf der Bühne mit seinem unterbrochenen pathetischen Tone hervorkeuche, oder daß sie in einem Heldengedichte die Wunden des Parthers beschreiben, der den römischen Pfeil aus seinen Eingeweiden heraus zieht. 5 Wozu sollen diese Wünsche dienen? oder warum hättest du nöthig, solche Brocken eines aufgedunsenen Gedichtes den Lesern zum Verschlingen darzuwerfen, dabey hundert Hälse sich müde arbeiten müßten? Dichter, die so verstiegen zu reden gesinnet sind, mögen immer hingehen, und mit dem um den Helikon hangenden Nebel ihre Lungen füllen, wenn sie sich entschlossen haben den Topf der Progne (die ihrem Ehemanne Thereus, der ihre Schwester Philomele geschändet hatte, seinen Sohn Itys zu essen gab,) oder des Thyestes, (dem sein Bruder Atreus, dessen Gemahlin Aeropa er geschändet hatte, das Fleisch seiner getödteten Söhne auftischen ließ) kochen zu machen, aus welchem der

Fervebit, saepe infulfo coenanda Glyconi.

Tu neque anhelanti, coquitur dum maffa camino, 10

Folle premis ventos, nec claufo murmure raucus

Nefcio quid tecum grave cornicaris inepte,

Nec ftloppo * tumidas intendis rumpere buccas.

Verba togae fequeris, junctura callidus acri,

Ore teres ** modico, pallentes radere mores 15

Doctus, & ingenuo culpam defigere ludo.

Hinc trahe quae dicas, menfasque relinque Mycenis,

Cum capite & pedibus; plebejaque prandia nôris. —

Non equidem hoc ftudeo, bullatis † ut mihi nugis

Pagina turgefcat, dare pondus idonea fumo. 20

Secreti loquimur; tibi nunc hortante Camoena

* *fcloppo.* ** *teris.* † *pullatis.*

Fünfte Satire.

abgeschmackte Glyko, der tragische Schauspieler, sich oft seine Mahlzeit, wenn er nicht verhungern will, herausholen muß. 10 Dir kann ich es nachrühmen, daß du weder mit dem keuchenden Blasebalge die Winde herauspressest, indem das Metall durch das Feuer in Fluß gebracht wird; noch, einsam gleich der Krähe herumwandernd, ich weis nicht was Wichtiges ganz widerlich mit gedämpftem Gekrächze närrisch dahermurmelst; noch einen Versuch thust, einen stattlich gällenden Wind aus den aufgeblasenen Backen herauszutreiben: du bedienest dich, gleich den Rednern, der Worte in ihrem gewöhnlichen Verstande; du besitzest die Kunst, dieselben auf das füglichste zusammen zu setzen; 15 in deinem Vortrage fliessen sie gemäßigt sanft; du hast gelernet, die siechen verfallenden Sitten zu bestrafen, [die sich blaß zeigende äusserliche Strengigkeit, die Larve des Heuchlers, wegzukratzen,] und das Laster im ehrlichen Scherze satirisch zu durchbohren. Halte dich ferner an alles dieses, als das beste Muster bey allem, das du in Zukunft zu schreiben willens bist; überlaß es den Mycenern, abgehauene Köpfe und Füsse aufzutischen; die Mahlzeiten der Römer, die dir bekannt sind, werden dir Stof genug verschaffen; von dir erwarten wir gemeinnützigere Trachten. — Pers. Wirklich ist es meine Sache nicht, mir Mühe zu geben, 20 damit meine Schriften mit lüstigen und prahlenden [oder tragischen] Eitelkeiten aufschwellen; Dingen, die nur Rauch sind, ein wesentliches Gewicht beyzulegen. Wir reden im Vertrauen mit einander; auf

SATIRA V.

Excutienda damus praecordia; quantaque noſtrae

Pars tua ſit, Cornute, animae, tibi dulcis amice

Oſtendiſſe juvat; pulſa, dignoſcere cautus

Quid ſolidum crepet, & pictae tectoria * linguae. 25

His ** ego centenas auſim depoſcere voces,

Ut quantum mihi te ſinuoſo in pectore fixi

Voce traham pura, totumque hoc verba reſignent, †

Quod latet arcana non enarrabile fibra.

Cum primum pavido cuſtos mihi purpura ceſſit, 30

Bullaque ſuccinctis laribus donata pependit;

Cum blandi comites, totaque impune ſuburra

Permiſit ſparſiſſe oculos jam candidus umbo;

* plectoria. ** hic. † verbo reſignem.

Fünfte Satire.

den Rath der Muse lege ich dir hier das Innerste meines Herzens zur Untersuchung vor. Theurester Freund! es macht mir eine triumphirende Freude, dir zu zeigen, wie du den weit grösten Theil meiner Seele anfüllest und entzückest; und wie so sehr vieles von meinen Einsichten meine Seele der deinigen zu verdanken habe. Klopfe an meiner Brust an; entscheide nach deiner vorsichtsvollen Weisheit, 25 was sich darinnen durch den Ton als etwas dichtes dargebe, und was sich bey diesem Versuche nur als eine aus teuschenden Wörtern bestehende und geschminkte Verblendung zeige. Zu jedem von dem, das ich preise, dürfte ich mir mit gutem Gewissen hundert Stimmen wünschen, damit ich in ungleißnerischen Worten äussern möge, wie sehr ich dich in allen den innersten Theilen meines Herzens vestgeheftet habe, etwas, das ich darinnen als einen Schatz bewahre, dessen Werth ich in meiner Sprache nicht auszudrücken vermag. 30 Als ich zuerst das mit Purpur bebrähmte Kleid weglegte, welches mir, einem furchtsamen Kinde, bisher zum Hüter und Beschützer gedienet hatte, und als die Bulla, die bis dahin in Gestalt des Herzens an meinem Halse gehangen, den Hausgöttern, die ihre Kleider gleich Reisenden aufgeschürzet haben, zum Geschenke aufgehängt worden, als ich mit schmeichelnden Gefehrten umgeben war, und mir das männliche Kleid, sammt dem damit erhaltenen weissen, noch mit keinem Sinnbilde gezierten Schilde, gleichsam Erlaubniß gab, meine Augen in dem ganzen Theile der Stadt, das von den ihn bewohnenden freyen

Cumque iter ambiguum est, & vitae nescius error

Diducit * trepidas ramosa in compita mentes: 35

Me tibi suppoſui; ** teneros tu ſuſcipis annos

Socratico, Cornute, ſinu; tunc fallere ſollers

Appoſita intortos extendit † regula mores,

Et premitur ratione animus, vincique laborat,

Artificemque †† tuo ducit ſub * pollice vultum.   40

Tecum etenim longos memini conſumere ſoles,

Et tecum primas epulis decerpere noctes;

Unum opus, & requiem, pariter diſponimus ambo,

Atque verecunda laxamus ſeria menſa.

Non equidem hoc dubites, amborum foedere certo   45

* *deducit; traducit.* ** *ſepoſui.* † *oſtendit.*
†† *artificiſque; artificique.* * *ceu.*

Fünfte Satire.

Weibsleuten so berüchtigt ist, unverwehrt umherschießen zu lassen; in dem Alter, da man zwischen dem Wege der Tugend und des Lasters unschlüßig wanket, und der Irrthum, dem die gute Einrichtung des Lebens unbekannt ist, 35 den unsteten Geist auf den bösen Pfad des sich in zween Aeste theilenden Weges verlocket: damals überließ ich es dir, mich zu besorgen. Zarte Jahre nimmst du, Cornutus, in deinen Busen auf, deinen sokratischen Busen; dein Richtscheit legest du dann an Sitten, die nicht gerade sind, und du dehnest sie nach und nach mit einer solchen sanften Geschicklichkeit aus, daß man sich geteuschet, daß man sich ganz unvermerkt gebessert findet; dem verkehrten Sinne wird durch Vernunftgründe so zugesetzet, daß er, der besseres sieht, sich mit aller Mühe bestrebet, überwunden zu werden; 40 unter deiner fleißigen Besorgung äussert er sich bald durch eine bescheidene Mine, als ob unter deinem Finger sein Angesicht eine ganz andere mit aller Kunst ausgearbeitete Gestalt erhalten hätte; so wie das zum Angesichte eines Bildes bestimmte Wachs unter dem Finger des Künstlers sich immer verbesserter zeiget. Ich erinnere mich gar wohl, daß ich ganze lange Tage mit dir zugebracht habe, und daß wir uns beym Anfange der Nacht bey einer bescheidenen und kurzen Mahlzeit erquickten; Arbeit und Ruhe theilten wir unter uns; ja bey der schamhaften Tafel mußte das Scherzhafte sich mit ernsthaften Dingen untermengen lassen. 45 Wenn gewisse Sätze der Sterndeuter irgends eine Wahrscheinlichkeit haben, so ist es

Confentire dies, & ab uno fidere duci.

Noftra vel aequali fufpendit tempora librâ

Parca tenax veri, feu nata fidelibus hora

Dividit in geminos concordia fata duorum,

Saturnumque gravem noftro Jove frangimus una;   50

Nefcio quod, certe eft, quod me tibi temperat, aftrum.

Mille hominum fpecies, & rerum difcolor ufus;

Velle fuum cuique eft, nec voto vivitur uno:

Mercibus hic italis mutat fub fole recenti

Rugofum piper, & pallentis grana cumini;   55

Hic fatur irriguo mavult turgefcere fomno;

Hic campo indulget; hunc alea decoquit: ille

Fünfte Satire.

hier, und wir können aus der Wirkung schliessen, daß eine geheime Kraft der Gestirne unsre Tage, unser Leben, zur Freundschaftsübereinstimmung eingerichtet habe; entweder hat die Parce, die sich an nichts als an Wahrheit hält, unsre Lebensumstände an das Zeichen der Wage geheftet, welches gerechte und aufrichtige Leute mit einander verbindet; oder die Stunde, in welcher treue Freunde gebohren werden, hat unser beydseitiges einträchtiges Schicksal dem Zeichen der Zwillinge zugetheilet; so und gemeinschaftlich vereiteln wir, mit Beystande des uns begünstigenden Jupiters, die widrigen Einflüsse des Saturns. Einmal ist gewiß, daß mich irgend ein Gestirn, wenn ich gleich selbst nicht weiß welches, so enge mit dir vereinet. Die Menschen, die so verschieden gebildet sind, pflegen auf tausenderley Weise ihr Leben einzurichten, und der Gebrauch, den sie von den Dingen machen, ist sehr verschieden; jeder hat in vielen Fällen seinen besondern Willen, und was dieser wünschet, das wünschet der andere nicht. Dieser tauschet zu Alexandria, in Egypten, wo die Sonne sich früher erhebt, 55 rohen indischen Pfeffer gegen italienische Waaren ein, und Körner des äthiopischen Kümmels, welcher, in Wein getrunken, die Farbe des Angesichts blaß macht, und dessen sich einige bedienen, um ein desto gelehrteres Ansehen zu bekommen; jener will sich lieber, nachdem er sich satt gegessen und getrunken, durch den befeuchtenden Schlaf fein fett machen lassen; der eine stellet sich fleißig und zu seinem Vergnügen auf dem Felde des Mars

In Venerem putret; * sed cum lapidosa chiragra

Fregerit articulos, veteris ramalia fagi,

Tunc crassos transfisse dies, lucemque palustrem   60

Et sibi jam seri ** vitam ingemuere relictam.

At te nocturnis juvat impallescere chartis,

Cultor enim es juvenum; purgatas inseris aures

Fruge Cleanthea. Petite hinc juvenesque senesque

Finem animo certum, miserisque viatica canis.   65

* *est putris.* ** *miseri.*

ein; dem andern schmelzt beym Spieltische Geld und Gesundheit; noch ein anderer verderbt sich durch Befolgung schändlicher Lüste; wenn aber das steinezeugende Chiragra einmal die Gelenke ihrer Glieder, welche verdorrten Aesten eines veralteten Buchbaumes gleich sind, steif gemacht hat: 60 dann beseufzen sie, aber zu spät, den bisherigen Gebrauch ihres Lebens, und daß sie ihre Tage in der dicken Luft der Bäder zugebracht haben, und bey Lichtern, wie bey den entzündeten unreinen Dünsten, die aus Sümpfen heraufsteigen, [daß sie, die Fackel der Vernunft auslöschend, ihre Tage im Düstern und einem dicken Nebel zugebracht, und sich ihres Lebens unrecht bedienet haben.] Du aber machst es dir zum Vergnügen und zur Pflicht, auch des Nachts dich in den Schriften der Weisen umzusehen, wenn es dich gleich deine Gesichtsfarbe kostet, weil du junge Leute zu guten Sitten und Wissenschaften anzuführen hast; du handelst gleich einem verständigen Landmanne, indem du zuerst die Gemüthsohren deiner Schüler von dem Unkraute der Laster reinigest, und sie darauf mit der Tugend besäest, der Frucht, die man der stoischen Sittenlehre zu verdanken hat, welche Cleanthes, der große Schüler und Nachfolger des großen Zeno, so meisterhaft zeigte und anpries. Jünglinge und Alte! suchet und nehmt hier, in den Vorschriften dieser Philosophie, 65 die Anweisung, wie ihr euch in Vermeidung des Bösen und Betreibung des Guten pünktlich zu verhalten habt; sammelt hier den zur Reise dieses Lebens nöthigen Vorrath, bey dessen Besitze

F 2

SATIRA V.

Cras hoc fiet — idem cras fiet — quid? quasi magnum

Nempe diem donas! — sed cum lux altera venit,

Jam cras hesternum consumsimus; ecce aliud cras

Egerit hos annos, & semper paulum erit ultra.

Nam quamvis prope te, quamvis temone sub uno 70

Vertentem sese, frustra sectabere canthum,

Cum rota posterior curras, & in axe secundo.

Libertate opus est; non hac, ut * quisque Velinâ

Publius emeruit, scabiosum ** tesserula far

Possidet. Heu steriles veri, quibus una Quiritem 75

Vertigo facit! hic Dama est non tressis agaso,

  * *hac, qua, ut.* ** *scabrosum.*

Fünfte Satire.

ihr das Elend nicht werdet zu befürchten haben, unter welchem die im Laster grau gewordenen seufzen müssen. Morgen spricht die schwindlichte Jugend, soll dieses geschehen. — Morgen wird sie die gleiche Sprache führen. — Wie! ist es denn eine so große Sache, wenn du einen Tag Nachsicht hast? — Bedenke dieses: an dem morgenden Tage wird es heissen: den gestrigen haben wir verlohren. Siehe, also verringert immer ein folgendes Morgen diese deine Jahre, und immer wirst du noch ferner etwas weniges zum gleichen Aufschube begehren. 70 Wenn du immer an der Seite des Rades laufen solltest, das sich um die hintere Achse des Wagens drehet, so würdest du doch die Schiene des vordern Rades nie erreichen, ob es dir gleich stets nahe ist, und an der gleichen Deichsel fortläuft. Die Menschen sind der Freyheit benöthigt; eben nicht der bürgerlichen und körperlichen, nach welcher jeder Freygelassene, der nebst Erhaltung des Namens Publius, oder irgend eines andern römischen Namens, das Glück gehabt hat in den neuen Tribus Velina aufgenommen zu werden, ein Wahrzeichen erhält, durch dessen Vorweisung er seinen Theil am schlechten Korne beziehen kann. 75 Wie mangelhaft an Wahrheit sind doch die, welche meinen, daß derjenige ein wirklich freyer Mann sey, welchen sein Herr bey der rechten Hand ergreift, und herumdrehet, zum Zeichen, daß er nun hingehen könne, wohin er wolle, daß er ihn in Freyheit setze, und für einen römischen Bürger erkenne. Hier ist Dama, ein Eseltreiber, der nicht einen Dreyer

Vappa, & lippus, & in tenui farragine mendax.

Verterit hunc dominus, momento turbinis exit

Marcus Dama. Papae! Marco spondente recusas

Credere tu nummos? Marco sub judice palles? 80

Marcus dixit; ita est. Adsigna Marce tabellas.

Haec mera libertas, hoc * nobis pilea donant —

An quisquam est alius liber, nisi ducere vitam

Cui licet, ut voluit? licet, ut volo, vivere: non sim

Liberior Bruto? — mendose colligis, inquit 85

Stoicus hic aurem mordaci lotus aceto,

Hoc reliquum accipio, "licet" illud, & "ut volo," tolle —

Vindicta postquam meus à Praetore recessi,

* *hanc.*

Fünfte Satire.

werth ist, ein schaler Kopf, ein triefäugiger Kerl, der sich um eine handvoll Haber keiner Lüge scheuet; kaum hat ihn sein Herr, durch ein sanftes Herumdrehen, in Freyheit gesetzet, so geht er im Augenblicke, da sich der Wirbel endet, als ein vornehmer Mann, als Marcus Dama, hinweg. Wie! so du willt eine Summe nicht weglehnen, und Marcus will dir Bürge dafür seyn? Marcus ist zum Richter erhoben, und du fürchtest dich, ihm deine Sache zu unterwerfen? Marcus hat den Ausspruch gethan, und wahr muß es seyn. Marcus! hier ist eine Testamentsverordnung, welcher nur noch deine richterliche Unterschrift mangelt. Dieses wird man doch für ächte Freyheit erkennen müssen; und dieses erhalten wir, sobald man uns den Hut der Freyheit darreichet. — Muß man nicht denjenigen frey nennen, der sein Leben nach seinem Willen einrichten darf? Ich darf ganz nach meinem Willen leben: sollte ich daher nicht 85 noch freyer als Marcus Junius Brutus seyn, der Schrecken der Könige, und Wiederhersteller der Freyheit? — Ein Fehler befindet sich in dem, das du hier von dir sagst: (so spricht der Stoiker, der sich das Ohr mit beissendem Eßig gewaschen hat; dessen Scharfsinn und Weisheit die Sache gleich verstehet, und richtig beurtheilet) deinen ganzen Schluß nehme ich an, wenn du nur jenes "ich darf" und "nach meinem Willen" daraus wegdünnest — Mir, der ich als mein Eigenherr von dem Prätor weggegangen bin, nachdem er mir, wie gewöhnlich, mit dem bewußten Stabe das Haupt berühret hat, warum sollte

SATIRA V.

Cur mihi non liceat juſſit quodcunque voluntas,

Excepto ſi quid Maſuri rubrica vetavit? — 90

Diſce, ſed ira cadat naſo rugoſaque ſanna,

Dum veteres avias tibi de pulmone revello:

Non Praetoris erat, ſtultis dare tenuia rerum

Officia, atque uſum rapidae permittere vitae;

Sambucam citius caloni aptaveris alto; 95

Stat contra ratio, & ſecretam garrit * in aurem,

Ne liceat facere id, quod quis vitiabit agendo.

Publica lex hominum naturaque continet hoc fas,

Ut teneat vetitos inſcitia debilis actus.

Diluis helleborum, certo compeſcere puncto 100

Neſcius examen: vetat hoc natura medendi.

  * *gannit.*

mir nicht alles erlaubt seyn, was mir mein Wille zu thun befiehlt, 90 auſſer was etwan die Geſetze des Rechtsgelehrten Maſurius Sabinus (deren Anfänge roth geſchrieben ſind) verboten haben? — Ich mögte dir gern eine Lehre geben; laß es dir aber gefallen, deine Naſe von dem ſchnaubenden Zorne und dem runzlichten Hohngeſpötte loszumachen, indem ich alte Weibererzehlungen von Adel und vornehmen Stande aus deinen ſtolzaufgeſchwollenen Lungen vertreibe. Bey dem Prätor ſtand es nicht, den Narren zu zeigen, welches auch bey den geringſten und feinſten Dingen, bey welchen die Geſetze ſchweigen, die Pflicht des Tugendhaften ſey; oder ihnen zu erlauben, ſich dieſes flüchtigen Lebens frey und ganz nach ihrem eigenen Gutdünken zu bedienen; 95 es würde dir ehender gelingen, aus einem groſſen und unverſtändigen Troßjungen einen geſchickten Harfenſpieler [aus einem Eſel einen Lautenſpieler] zu machen. Hier widerſetzet ſich die Vernunft, die uns heimlich ins Ohr fliſtert, niemand müſſe ſich mit einer Sache abgeben, die er nur verderben würde. Ein allgemeines Geſetz, das allen Menſchen deutlich iſt, und die Natur, haben es zur Regel beſtimmet und eingepflanzet, daß die ohnmächtige Unwiſſenheit ſolche Handlungen, die ihr zu hoch ſind, für verboten halten müſſe. 100 Wenn du aus Nießwurzen eine Arzney bereiteſt, und ſelbſt nicht weiſſeſt, bey welchem Pünktchen die Zunge der Wage ſtill ſtehen müſſe, ſo thuſt du etwas, dawider die Natur der Heilungskunſt ſtreitet. Wenn ein Pflüger, der zu plumpen Stiefeln

Navem si poscat sibi peronatus arator,

Luciferi rudis: exclamet Melicerta, perisse

Frontem de rebus. Tibi recto vivere talo

Ars dedit? & veri speciem * dignoscere calles,   105

Ne qua subaerato mendosum tinniat auro?

Quaeque sequenda forent, quaeque evitanda vicissim,

Illa prius creta, mox haec carbone notasti?

Es modicus voti, presso lare, dulcis amicis?

Jam nunc adstringas, jam nunc granaria laxes,   110

Inque luto fixum possis transcendere nummum,

Nec glutto sorbere salivam Mercurialem?

   * *specimen.*

Fünfte Satire.

gewöhnt ist, und von den Gestirnen so wenig weis, daß er nicht einmal den Morgenstern kennet, begehren würde, ein Schif zu steuern, so würde gewiß Melicerta, der durch Vermittlung der Venus zum Seegott gewordene Sohn des Athamas und der Tochter des Cadmus, so würden alle übrigen Seegötter ausrufen: die Menschen haben in ihren Handlungen die Natur der Dinge mit frecher Stirne auf das unverschämteste verkehret. Hast du es der Philosophie, die vorzüglich den Namen der Kunst verdienet, zu verdanken, daß du auf der Bahn des Lebens gerade einhergehest; 105 kannst du sogleich entscheiden, ob etwas nur den Schein der Wahrheit an sich habe, so daß dir kein vergoldetes Kupfer tückisch als Gold klingen kann? hast du richtig alles das, dem man nachkommen muß, mit Kreiden, und hingegen alles das, vor welchem man fliehen muß, mit Kohlen bezeichnet? bist du bescheiden in deinen Wünschen, sparsam in deinem Hauswesen, und dabey liebreich gegen deine Freunde? 110 kennest du die rechte Zeit, deine Kornböden zu schliessen und zu öfnen? bist du im Stande, das Geld zu verachten, das dir von irgend einer schändlichen Handlung versprochen wird? kannst du, ohne dich zu bücken, bey dem Heller vorbeygehen, welchen muthwillige Gassenjungen, um der Geizigen zu spotten, in dem Kothe mit einem Nagel befestigt, oder an eine Schnur gebunden haben, um ihn dem darnach Greifenden unter der Hand wegzuziehen? und ist es dir, oder deinem wässrigen Maule, zuwider, den Speichel des Merkurius, des Got-

Haec mea funt, teneo, cum vere dixeris, efto

Liberque ac fapiens, Praetoribus ac Jove dextro.

Sin tu, cum fueris noftrae paulo ante farinae, 115

Pelliculam veterem retines, * & fronte politus, **

Aftutam vapido † fervas fub †† pectore vulpem:

Quae dederam fupra, repeto, * funemque reduco.

Nil tibi conceffit ratio; digitum exere, peccas.

Et quid tam parvum eft? fed nullo thure litabis, 120

Haereat in ftultis brevis ut femuncia recti.

Haec mifcere nefas; nec cum fis coetera foffor,

* *retinens.* ** *polita.* † *vafro.* †† *in.* * *relego.*

tes des Gewinnstes gierig zu verschlucken? Wenn du mit Wahrheit sagen kannst: alles dieses ist mein Eigenthum, ich habe es in meinem Besitze; so nenne ich dich wirklich einen freyen und weisen Mann, dazu dich nicht blos ein Prätor, sondern Jupiter selbst, gemacht hat. 115 Aber, wenn du, der du erst vor kurzem von keinem bessern Teige gewesen bist, als wir bald alle sind, wenn du die alte Haut behältst, und, äusserlich tugendhaft scheinend, den tückischen Fuchs, den Schalk, in deinem verdorbenen Herzen bewahrest: so nehme ich das wieder zurück, das ich dir oben eingeräumt habe; ich handle gleich jenen spielenden Gassenjungen, und ziehe das Seil wieder an mich, (oder, ich binde dich wieder, nachdem ich dich losgelassen, an deine vorige Knechtschaft.) Nein, die Vernunft hat gar nichts mit dir zu thun: wenn du auch nur den Finger ausstreckest, so sündigest du; so stellest du deine Thorheit in ihrer Blösse dar. 120 Könnte ich dir wohl eine geringere Sache nennen? Wenn du auch noch so vielen Weihrauch verschwenden, wenn du auch noch so viele Vernunftschlüsse anbringen würdest, so könntest du es doch nicht dahin bringen, daß an dem Thoren nur das geringste Gränchen von Rechtschaffenheit hangen bliebe. Unrecht ist es, unmöglich ist es, diese Dinge, Knechtschaft und Freyheit, Laster und Tugend, Thorheit und Weisheit, in einander zu mengen. Wenn du dich in deinem ganzen übrigen Betragen als ein plumper und ungeschickter Mensch aufführest, so wirst du gewiß schon bey dem dritten

Treis tantum in numeros satyrum * moveare Bathylli —

Liber ego — unde datum hoc sumis,** tot subdite rebus?

An dominum ignoras, nisi quem vindicta relaxat?   125

"I puer, & strigiles Crispini ad balnea defer;"

Si increpuit, "cessas, nugator? servitium acre.

Te nihil impellit; nec quicquam extrinsecus intrat,

Quod nervos agitet: sed si intus, & in jecore aegro,

Nascantur domini, qui tu impunitior exis   130

Atque hic, quem ad strigiles scutica & metus egit herilis?

Mane piger stertis; surge, inquit avaritia; eia

Surge! negas; instat, surge, inquit — non queo — surge —

Et quid agam? — rogitas? — saperdas advehe Ponto,

Castoreum, stupas, hebenum, † thus, lubrica Coa;   135

* *satyri.*   ** *sentis.*   † *ebenum.*

Fünfte Satire.

Schritte als ein solcher erkannt werden, in so fern du dich unterstehen solltest, mit der Leichtigkeit eines Satyrs, oder, den von dem Bathyllus, dem Freygelassenen des Mäcenas, erfundenen Satyrum zu tanzen. — Mit allem dem bin ich dennoch ein freyer Mann. — Woher nimmst du den Beweis, daß wir dir dieses einräumen müssen, dir, der du ein Sclave so vieler Dinge bist? 125 Erkennest du denn niemanden für einen Herrn, als den, welchen des Prätors Stäbchen in Freyheit gesetzet hat? Zu einem Sclaven spricht man: Geh, Kerl, und trage mein Badgeräthe in das Bad des Crispinus; und wenn der scheltende Herr noch hinzusetzet: zauderst du noch, liederlicher Pursche? so gestehest du, daß dieses eine harte Sclaverey sey. Aber du, wie du sagst, befindest dich unter keinem solchen Zwange; du bist nicht einer Puppe gleich, deren Nerven durch eine von aussenher in sie kommende Macht in Bewegung gesetzet werden: Aber wenn in dir, in deinem siechen Leben, dem Sitze der Lüste und Leidenschaften, oder in deinem Herzen, 130 Herren erzeugt werden: wie! kömmst du denn ungestrafter davon, als jener, welchen die furchtbare Peitsche des Herrn gejagt hat, das Waschgeräthe zu holen? Träg und schläfrig liegst du des Morgens in deinem Bette; steh auf, spricht der Geiz, wolan, steh auf! du weigerst dich; er setzet in dich: stehe auf, sagt er — ich kann nicht — stehe auf — und was soll ich thun? — fragst du noch? geh zur See; hole Fische aus dem schwarzen Meere, 135 Biberöhl, [Castorhäute] Flachs, Ebenholz, Weihrauch, und coischen

Tolle recens primus piper è sitiente Camelo;

Verte aliquid, jura — sed Jupiter audiet, eheu! —

Varo, * regustatum digito terebrare salinum

Contentus perages, si vivere cum Jove tendis.

Jam pueris ** pellem succinctus & oenophorum aptas   140

Ocyus ad navem; nil obstat, quin trabe vasta

Aegaeum rapias, nisi solers luxuria ante

Seductum moneat: quo deinde insane ruis? quo?

Quid tibi vis? calido sub pectore mascula bilis

Intumuit, quam non extinxerit urna cicutae.   145

Tun' mare transilias? tibi torta cannabe fulto

   * *Varro*; *Baro*.   ** *puer is*.

Fünfte Satire.

Wein, der zur Gesundheit so vorträglich ist; [feine und durchsichtige Seidenstoffe aus der Insel Cos] beziehe, gleich bey Entladung des den Durst zwar viele Tage duldenden, doch itzt nach langer Reise dürstenden Kameels, zuerst den frischen Pfeffer; trachte, Geld und Waare hurtig umzusetzen; [etwas durch List zu erhaschen] schwöre, und wenn es gleich falsch seyn sollte. — Aber Jupiter wird es leider hören. — Welch ein Dummkopf! welch ein kleiner Geist! in deiner bettelhaften Zufriedenheit wirst du dein stets gleiches Leben damit beschäftigen, daß du an deinem ewig aufgesetzten Salzfäßchen die Spuren deiner zwar bescheidenen, aber zu oft und zu viel kratzenden Fingerspitzen hinterlässest, wenn du darauf beharrest, in Zunft bey dem Jupiter zu leben. 140 Sogleich gürtest du dich, und belastest deine Knechte, um dein Waarengepäcke und deine Weinflasche unverschämt zu Schiffe zu tragen; nichts stehet im Wege, in dem großen Fahrzeuge schnell das ägdische Meer zu durchfurchen, als die schlaue Wollust, welche dir, nachdem sie dich vertraulich auf die Seite gerufen, zum Nachdenken folgendes sagt: Wo laufst du nun wieder in deinem Unsinne hin? wohin? was suchest du dir denn? unter deiner siedenden Brust muß sich eine mehr als soldatenmäßige Galle gebildet haben, welche zu besänftigen 145 eine ganze Flasche von kühlenden Schierlingssaft nicht im Stande wäre. Du, du willt das Meer durchlaufen? deine Mahlzeit willt du, auf zusammengedrehten Hanf dich lehnend, auf einer Ruderbank nehmen, und ein Weinfäßchen, ein

Coena sit in transtro, Vejentanumque rubellum

Exhalet vapida laesum pice sessilis obba?

Quid petis? ut nummi, quos hic quincunce modesto

Nutrieras, pergant avidos sudare * deunces?   150

Indulge genio; carpamus dulcia; nostrum est

Quod vivis; cinis & manes & fabula fies;

Vive memor leti; fugit hora, hoc quod loquor, inde est —

En quid agis? duplici in diversum scinderis hamo;

Hunccine, an hunc sequeris? subeas alternus oportet 155

Ancipiti obsequio dominos, alternus oberres.

Nec tu, cum obstiteris semel, instantique negaris

Parere imperio "rupi jam vincula" dicas:

Nam & luctata canis nodum abripit; attamen illi,

Cum fugit, à collo trahitur pars longa catenae.   160

* *peragant avido sudore.*

Fünfte Satire.

Krug, deſſen Boden flach, und zum Stehen bequem iſt, ſoll dir Vejentaniſchen Schieler ausdünſten, den das ſtinkende Pech verdorben hat? Und was ſucheſt du durch alle dieſe Bemühungen? daß dein arbeitendes Geld, welches du hier gemächlich mit dem (wie du glaubeſt) beſcheidenen Zinſe von Fünf von Hundert monatlich 150 genähret und vermehret haſt, in Zukunft filzichte Eilfer geize und erſchwitze? Thue dir was zu gut; wir wollen uns nichts wählen, als was ein ſüſſes Vergnügen erwecket; nur derjenige Theil deines Lebens, den du in meiner Geſellſchaft zubringeſt, verdient, Leben genennet zu werden; zuletzt wirſt du doch nur zu Staub und Aſchen, zum Schatten, zur Fabel werden; laß dich durch die Erinnerung deines Todes anfriſchen, dich des Lebens zu nutzen zu machen; die Stunde flieht; der Zeitpunkt, in welchem ich dir dieſes ſage, iſt davon genommen, und iſt ſchon verflogen — Wozu wirſt du dich nun entſchlieſſen? Zween verſchiedene Hamen, zween einander entgegenſtehende Reize, trachten dich an ſich zu ziehen, der Geiz, und die Wolluſt; 155 welchem willt du folgen? wenn du wechſelweiſe itzt dieſem itzt jenem Herrn mit wankendem Gehorſam zu Willen lebeſt, ſo wirſt du in beyden Fällen irren. Du, wenn du gleich einmal einer Leidenſchaft Widerſtand gethan, und dich geweigert haſt, ihrem dringenden Befehle zu gehorchen, ſage nicht: nun habe ich die Bande zerriſſen. Geſetzt, ein Haushund habe mit vieler Mühe den Knoten zerriſſen; 160 er flieht; aber ein langes Stück der Kette, dabey man ihn bald

SATIRA V.

"Dave, cito, hoc credas jubeo, finire dolores

Praeteritos meditor; (crudum Chaereſtratus unguem

Abrodens ait haec) an ſiccis dedecus obſtem

Cognatis? an rem patriam rumore ſiniſtro

Limen ad obſcoenum frangam, dum Chryſidis udas   165

Ebrius ante fores exſtincta cum face canto? —

Euge puer, ſapias, diis depellentibus agnam

Percute — Sed cenſen' plorabit Dave relicta? —

Nugaris; ſolea, puer, objurgabere rubra,

Ne trepidare velis, atque arctos rodere caſſes.   170

Nunc ferus, & violens; ſi * vocet, haud mora, dicas ---

Quidnam igitur faciam? ne nunc, cum accerſat, ** & ultro

Supplicet, † accedam? — Si totus & integer illinc

Exieras, nec †† nunc." Hic, hic, quem quaerimus, hic * eſt,

  * *at ſi; ant ſi.*   ** *accerſor.*   † *ſupplicat.*   †† *nunc; ne.*
  * *hic.*

Fünfte Satire.

wieder packen kann, schleppt er immer am Halse nach sich. In einem Lustspiele Menanders [welches Terenz in seinem Verschnittenen nachgeahmt hat] spricht der sich aus Reue die Nägel bis auf das Blut zerbeissende Chäreſtratus zu seinem Knechte: "Davus! ich befehle, daß du mir es glaubest, ich gehe mit dem Gedanken um, allen meinen Thorheiten, die mir bisher nur Schmerzen zeugten, in kurzem ein Ende zu machen. Soll ich ferner meinen bescheidenen, ehrlichen und tugendhaften Anverwandten eine Schande und ein Stein des Anstosses seyn? soll ich, durch böse Ausschweifungen 165 vor dem Hause einer Unzüchtigen, mein väterliches Erbgut schwächen, indem ich betrunken vor der mit Wein und Thränen benetzten Thüre der Chrysis mit einer ausgelöschten Fackel singe? — Frisch, mein junger Herr, (spricht Davus) wenn du weise bist, so opfre dem Castor und Pollux und andern dich abhaltenden Göttern ein Lamm — Aber, Davus, meynest du nicht, daß die Verlassene weinen werde? — Possen! das Weinen wird ehender an dich kommen: mit ihrem rothen Pantoffel, mein junger Mann, wird sie dich schon so zurechte weisen, 170 daß dir die Lust vergehen wird, dich ferner zu sträuben, und das feine Garn, das dich enge verstricket, zu zernagen. Noch bist du etwas wild und heftig; kaum aber wird sie dir gerufen haben, so wirst du sprechen: hier bin ich — Was soll ich denn thun? soll ich auch dann nicht wieder zu ihr gehen, wenn sie mich ruft, und von freyen Stücken bittet? — Auch dann nicht, wenn du sie je vorhin

Non in festuca, lictor, quam * jactat ineptus.   175

Jus habet ille sui palpo, quem ducit ** hiantem

Cretata ambitio? vigila, & cicer ingere large

Rixanti populo, nostra ut Florialia possint

Aprici meminisse senes: quid pulchrius! At cum

Herodis venere dies, unctaque fenestra   180

Dispositae pinguem nebulam vomuere lucernae

Portantes violas; rubrumque amplexa catinum

   * *quem.* ** *tollit.*

Fünfte Satire.

ganz mit Leib und Seele verlassen hast." Dieser, dieser, der so beschaffen ist, ist der freye Mann, den wir suchen; 175 nicht aber jener, der seine Freyheit von dem Stäbchen herleitet, [dieser, den wir suchen, ist hier, nicht in dem Stäbchen] mit welchem sich ein blödsinniger Lictor so sehr brüstet, [nicht der, den einer der sechs den Prätor bedienenden Lictoren, der zur Mittheilung der ächten Freyheit gewiß sehr unfähig ist, als einen durch den Schlag mit dem Stäbchen freygemachten Mann prahlerisch ausrufet.] Ist jener streichelnde Schmeichler sein eigener Herr? er, den seine in Weiß gekleidete Ehrsucht nach einem Amte keuchend und flehend von einem zum andern herumführet? Sey ja recht wachsam, stehe, wenn du das Amt eines Aedilis erhalten willst, noch vor der Sonne auf, um auf den Strassen deine Begrüssungen frühe anzufangen, und wirf dann deine Erbsen und Geschenke dem sich zankenden Volke reichlich aus, damit in der Sonne sitzende Greisen sich einmal unsrer von dir, dem Aedilis, angeordneten feyerlichen, und der aus einer reichen Buhlerin, von dem sie erbenden römischen Volke, zur Göttin erklärten Flora zu Ehren angestellten Spiele erinnern mögen, und sprechen: Was hätte schöner seyn können! Wenn die Tage 180 herbeygekommen sind, an welchen die Juden das Angedenken der Geburt oder der Thronbesteigung ihres großen Herodes feyern, wenn die Fenster mit schön geordneten Lampen verzieret sind, um welche Violen sich winden, die auch einen fetten Nebel aus sich senden; wenn der Schwanz des Thonfisches in

Cauda natat thynni; tumet alba fidelia vino:

Labra moves tacitus, recutitaque Sabbata palles.

Tunc nigri lemures, ovoque pericula rupto; 185

Hinc grandes Galli, & cum sistro lusca sacerdos,

Incussere deos inflantes corpora, si non

Praedictum ter mane caput gustaveris alli ⸺

Dixeris haec inter varicosos Centuriones,

Continuo crassum ridet Vulfennius * ingens, 190

Et centum Graecos curto centusse licetur.

* *Pulfennius; Vulpennius.*

der rothen irrdenen Schüssel schwimmt, doch so, daß er auf beyden Seiten über den Rand derselben herausreichet, [daß er in der Brühe schwimmend, rundum den Rand der Schüssel berühret]; wenn der weiße Krug mit Wein gefüllet ist: dann bewegen sich deine Lippen, indem du etwas heimlich murmelst; und deine blasse Farbe zeigt an, daß du den furchtbaren Sabbath der Beschnittenen feyerst. 185 Bald fürchtest du dich vor schwarzen Gespenstern, spuckenden Schatten der Verstorbenen, und glaubest, daß dir eine Gefahr drohe, wenn du ein Ey zerbrochen hast; [wenn es beym Feuer zerspringt, zu dem es der Wahrsager geleget hat, um dir aus seinen Schweißtropfen künftige Begegnisse vorherzusagen.] Bald kommen große und fette verschnittene Priester der Cybele, der Mutter der Götter, und die schielende von ihrer eigenen Göttin geblendete Priesterin der Isis, die das klingende Sistrum, die eherne Klapper, in der Hand hält, und jagen dir Furcht ein, indem sie dir von Göttern erzählen, welche die Leiber der Menschen durch Geschwulst und Geschwüre plagen, wenn du nicht des Morgens einen durch dreymalige Wiederholung gewisser Worte geweihten Knoblauchskopf issest — Sage dieses in einer Gesellschaft roher und grosadrichter Kriegsleute; 190 gewiß wird der riesenmäßige Vulfennius sogleich aus vollem Halse lachen, und sich erklären, daß er auf hundert griechische Weisen bey einer Versteigerung nicht so viele beschnittene Heller bieten würde.

G 5

SATIRA VI.

Admovit jam bruma foco te, Basse, Sabino?

Jamne lyra, & tetrico vivunt tibi pectine chordae?

Mire opifex numeris veterum primordia rerum; *

Atque marem strepitum, fidis intendisse latinae,

Mox juvenes agitare jocos, & pollice honesto   5

Egregios lusisse senes? Mihi nunc Ligus ora

Intepet, hybernatque meum mare, qua latus ingens

Dant scopuli, & multa littus se valle receptat.

"Lunai portum ** est operae cognoscere cives!"

Cor jubet hoc Enni, postquam desterruit esse   10

    * *vocem.*   ** *pretium.*

Sechste Satire.

Hat der Winter, mein Cañius Bañus, dich bereits bewogen, deinen sabinischen Feuerherd zu suchen? ist deine Leyer schon beschäftigt, und ziehest du mit einem steifen Häckchen, wie es den Sitten der Bewohner deines benachbarten Berges Tetricus angemessen ist, die Töne daraus; machen ernsthafte Dinge deine Saiten aufleben und klingen? du, der du die Kunst vortreflich verstehest, die ersten Anfänge der alten Dinge, den Ursprung unsrer alten Regierung, zu besingen, und die lateinische Harfe bey dem Lobe der Helden zum männlichen Geräusche zu gewöhnen, 5 wie auch jugendliche Scherze anzustimmen, und auf eine tugendhaft bescheidene und angenehme Weise die Ruhe lobwürdiger Greise zu preisen! Ich geniesse izt an der ligurischen Küste einer gemäßigten angenehmen Wärme; ich sehe, wie sich die Winterwogen meines vaterländischen Meeres erheben; [oder ich sehe es da, wie im ruhigen von Stürmen gesicherten Winterquartiere,] wo sich eine große Strecke von Felsen befindet, und das Gestade sich wie in einem geräumigen Thale eingeschlossen darstellet. "Es lohnet sich der Mühe, ihr Bürger, den Hafen der an Gestalt dem Monde gleichen Stadt Luna zu kennen." 10 So ruft Ennius von ganzem Herzen aus, nachdem er seine träumerische Erzählung zu Ende gebracht, daß er, der Seelenwanderung zufolge, zuerst ein Pfau, zweytens Euphorbus, drittens Homer, [der vermuthlich

SATIRA VI.

Moeonides quintus pavone ex Pythagoraeo.

Heic ago fecurus vulgi, & quid praeparet Aufter

Infelix pecori, fecurus, & angulus ille

Vicini, noftro quia pinguior; & fi adeo omnes

Ditefcant orti pejoribus, usque recufem   15

Curvus ob id minui fenio, ut coenare fine uncto,

Et fignum in vapida nafo tetigiffe lagena.

Difcrepet his alius! Geminos, horofcope, varo

Producis genio: folis natalibus eft qui

Tingat olus ficcum muria vafer in calice empta,   20

Ipfe facrum inrorans patinae piper; hic bona dente

Sechste Satire.

den Mäon zum Vater hatte, oder aus Mäonia, d. i. Lydia, gebürtig war] viertens Pythagoras gewesen, und endlich fünftens zum Ennius geworden sey; [also daß man ihn im spaßhaften Tone den Mäonides Quintus nennen könnte.] Hier lebe ich sicher, und, vom Ehrgeitze frey, unbekümmert was die Welt von mir spreche; und, ohne Habsucht, fürchte ich nicht den Südwind, welcher den Herden so viele Seuchen zuführet; frey bin ich auch vom Neide, und murre nicht, wenn gleich ein Winkel des Landgutes meines Nachbars fetter und einträglicher als der meinige ist; ja, wenn sogar alle die reich werden sollten, die es nicht würdig und von einer schlechtern Abkunft sind, als ich, so würde mich doch ein vielleicht gerechter Verdruß nie so weit bringen, daß er mich gleich einem Greise gebückt und eingeschrumpft machen sollte; ich würde mir an meiner Mahlzeit, an Salben oder wohlbereiteten Speisen, nichts abgehen lassen, und nicht, aus geizigem Mißtrauen, jede Flasche des abgestorbenen Weines so genau betrachten, daß ich das Siegel mit meiner Nase berührte. Ein Anderer möge hierüber ganz anders gesinnet seyn! Du, mein Nativitätensteller, führest Zwillingsbrüder an, deren Gemüthsbeschaffenheit ungleich ist: der eine hat sich auf die Tage, auf welche sein Geburtsfest fällt, in einem Töpfchen gesalzene Fischbrühe gekauft, 20 und mit derselben besprenget der schlaue Kopf sein Kraut, aber so behutsam, daß es beynahe trocken bleibet; und tropfenweise läßt er, er mit eigener Hand, von dem Pfeffer, den er wie ein Heiligthum bewahret, in die Schüs-

SATIRA VI.

Grandia magnanimus peragit puer. Utar ego, utar,

Nec rhombos ideo libertis ponere lautus,

Nec tenuem folers turdorum * nosse salivam.

Messe tenus propria vive; & granaria (fas est) 25

Emole; quid metuas? occa: & ** seges altera in herba est —

Ast vocat officium: trabe rupta, Bruttia saxa

Prendit amicus inops; remque omnem, surdaque vota,

Condidit Jonio; jacet ipse in littore, & una

Ingentes de puppe dei; jamque obvia mergis 30

Costa ratis lacerae — Nunc & de cespite vivo

Frange aliquid; largire inopi, ne pictus oberret

    * *turdarum.*   ** *en.*

Sechste Satire.

sel fallen. Der Andere, ein, wie es heisset, großmüthiger junger Mensch, spahrt seine besten Zähne nicht, und bringt sein großes ererbtes Vermögen geschwinde durch. Des Meinigen will ich mich bedienen, geniessen will ich es, ohne doch, um in den Ruf eines prächtig-lebenden Mannes zu kommen, Freygelassenen, schlechten Leuten, köstliche Plattfische auftragen zu lassen; und in der Kunst werde ich mich nicht üben, an dem feinen Geschmacke zu unterscheiden, ob ein Krammetsvogel wild oder zahm erzogen, ja ob er auf dem Baume oder auf der Erden ausgehecket worden. 25 Scheue dich nicht, deine jährlichen Einkünfte ganz aufzuzehren; und laß (es ist recht und erlaubt) den Vorrath deiner Kornböden zur Mühle bringen; was fürchtest du dich, dieses zu thun? bearbeite nur dein Feld, und vertraue dem Himmel, daß es auf eine künftige Erndte schön angeblümt stehen werde. — Aber mir fällt eine Pflicht ein, welcher bey entstehender Gelegenheit muß entsprochen werden: Nachdem das Schif gescheitert, hat ein armer Freund sich an den bruttischen Felsen festgehalten; an den lucanischen gegen Sicilien über gelegenen Steinklippen hat er sich gerettet; sein ganzes Vermögen, und seine tauben, seine nicht erhörten und unnützen Gelübde hat er im jonischen Meere begraben; am Gestade liegt er, 30 und neben ihm liegen die großen auf dem Hintertheile des Schiffes gestandenen Schutzgötter, von den Wogen zugleich mit ihm hieher getrieben; nun sind die Trümmer des zerrissenen Fahrzeuges ein Spiel der Seevögel. — Nun laß es dich nicht dauern, ein Stück

Caerulea in tabula — Sed coenam funeris haeres

Negliget, iratus quod rem curtaveris; urnae

Ossa inodora * dabit; seu spirent cinnama surdum, 35

Seu cerafo peccent casiae, nescire paratus.

Tune bona incolumis minuas? — Et ** Bestius urget

Doctores Grajos: "ita fit, postquam sapere urbi

Cum pipere & palmis venit nostrum hoc † maris expers,

Foenisecae crasso vitiarunt unguine pultes." —   40

Haec cinere ulterior metuas. At tu, meus haeres,

* *inhonora.* ** *sed.* † *hoc vestrum.*

Sechste Satire.

deines anbeblümten Feldes anzugreifen und zu verkaufen; theile dem Dürftigen mit, damit er nicht genöthigt sey, sich und sein Unglück, auf einer blauen Tafel gemahlt, im Lande hin und her zu tragen, um die Leute zu einem Allmosen zu bewegen. — Aber dein Erbe, zornig, daß das Vermögen dadurch geschmälert worden, wird schlecht für die Leichenmahlzeit sorgen; 35 mit den Gebeinen wird er keine wolriechenden Specereyen in die Urne legen; er wird sich gern stellen, als ob er nicht wisse, daß der Zimmet einen tauben, einen verdorbenen Geruch habe, oder die Caßia mit Harze von Kirschbäumen verfälschet worden. Willt du denn (wird er sprechen) dein Vermögen bey gesundem Leibe verringern? [verzeihen würde man es dir, wenn du in kranken Tagen, um deine Gesundheit wieder zu finden, etwas daraufgehen liessest.] — Und ein anderer Erbsüchtiger, Bestius mit Namen, nimmt hier Gelegenheit auf die griechischen Philosophen zu schimpfen, und spricht: "So geht es: seitdem diese unsre [euere] diesmalige Weisheit, die nichts männliches an sich hat, die ganz weichlich und weibisch ist, [oder: die, aus Griechenland kommend, das Meer versucht hat] mit Pfeffer, Palmen, und andern auswärtigen Waaren in unsre Stadt gekommen ist, 40 so haben unsre Bürger, deren Väter sich nicht scheuten, ihre Wiesen selbst abzumähen, ihr Zugemüse mit fetten und kostbaren Oelen und Specereygemischen verdorben." — Ja solche Drohungen hast du wirklich zu befürchten; aber alsdenn erst, wenn du bereits zu Asche geworden, oder über dieselbe hinaus

SATIRA VI.

Quisquis eris, paulum à turba seductior audi:

O bone! num ignoras? missa est à Caesare laurus

Insignem ob cladem Germaniae pubis, & aris

Frigidus excutitur cinis, ac jam postibus arma, 45

Jam chlamydes regum, jam lutea gausapa captis,

Essedaque, ingentesque locat Caesonia Rhenos.

Diis igitur, genioque Ducis, centum paria, ob res

Egregie gestas induco. * Quis vetat? aude;

Vae, nisi connives; oleum artocreasque popello 50

Largior; an prohibes? dic clare—Non adeo, ** inquis—

  * *indico.* ** *adeò; audeo.*

Sechste Satire.

bist. Du, mein Erbe, wer du immer es seyn wirst, komm doch in etwas von dem Gedränge weg, ich habe dir ein Wörtchen insgeheim zu vertrauen. Mein lieber Freund! ist es dir nicht schon zu Ohren gekommen? Es ist ein mit Lorbeerzweigen umwundener Brief vom Cäsar [Cajus Caligula] angekommen, in welchem die große Niederlage der germanischen Jugend einberichtet wird; 45 die kalte von vorigen Opfern zurückgebliebene Asche wird von den Altären weggeräumt; Cäsonia, die Gemahlin des Cäsars, macht schon Anstalten, Waffen von allen Orten her zusammen zu raffen, mit welchen die Thürpfosten der Tempel und des Pallastes sollen behangen werden; sie bestellet königliche Kriegskleider, gelbe, foßlichte, gallische Soldatenröcke, und Wagen für die Gefangenen, und große Rheinlünder, welche man bey dem Triumphe für Germanien ansehen solle, [oder, große auf Tafeln gemahlte Bilder des Rheinstromes.] Ich, um meine Freude zu bezeugen, werde, zu Ehren der Götter, und des vergötterten Schutzgeistes des Heerführers, wegen dem vortreflichen Ausgange des Feldzuges, hundert Paar Fechter auf meine Kosten aufführen. Wer will es mir verbieten? unterstehe du es! so wehe dir, wenn du blinzest, wenn du deine Einwilligung nicht dazu giebst! denn in diesem Falle werde ich dem Volke noch Oel, Brod und Fleisch austheilen lassen. Verbietest du mir es noch? rede deutlich heraus. — Ich werde die Erbschaft nicht antreten, [eben so stark verbiete ich es nicht; ich darf dir nicht widersprechen.] — . O deswegen fürchte ich die

Exoffatus ager juxta eft; age, fi mihi nulla

Jam reliqua ex amitis, patruelis nulla, proneptis

Nulla manet, patrui fterilis matertera vixit,

Deque avia nihilum fupereft: accedo Bovillas, 55

Clivumque ad Virbi; praefto eft mihi Manius haeres —

Progenies terrae? — quaere ex me quis mihi quartus

Sit pater; haud promte, dicam tamen; adde etiam unum,

Unum etiam; terrae eft jam filius; & mihi ritu

Manius hic generis prope major avunculus exit. 60

Schande nicht, ohne Erben zu sterben. Immer werde ich noch einen Acker behalten, der von Steinen gereinigt und so schlimm nicht wird gebauet seyn. Wolan! wenn keine von den Schwestern meines Vaters mich überlebt, kein Kind, kein Großkind meines Bruders, wenn die kinderlose Muttersschwester von dem Bruder meines Vaters nicht mehr vorhanden ist, 55 und wenn alle meine Anverwandte von Seiten meiner Großmutter vor mir zu Grabe gebracht sind: so begebe ich mich blos nur eine halbe Tagereise von Rom nach dem Städtchen Bovillä, das seinen Namen einem Rinde zu verdanken hat, welches, schon eingeweiht, dem Altare entflohen ist, und daselbst wieder ergriffen worden; und nach dem Hügel unweit der Stadt, die Hippolytus erbauet, und welcher er den Namen seiner Gemahlin Aricia beygeleget hat; jener Hippolytus, der, auf Begehren der Diana, nach seinem Tode, nachdem er von seinen eigenen Pferden zerrissen worden, von dem Aesculapius wieder lebendig gemacht worden, und daher Virbius, d. i. ein Mann der zweymal gelebt hat, genennet ward; da wird sich bald irgends ein Manius, ein armer und unansehnlicher Mann finden, der sich dazu verstehen wird, mein Erbe zu seyn. — Wie! einen fremden elenden Erdensohn willt du dazu wählen? — Frage mich, wer der Großvater meines Großvaters gewesen sey; ich werde nachdenken müssen, und ihn dir endlich nennen; frage ferner, wer der Vater, wer der Großvater von dem gewesen sey, den ich nannte; o dieser wird gewiß ein Erdensohn gewesen seyn; und wenn man diesen Stammbaum

SATIRA VI.

Qui prior es, cur me in decursu lampada poscas?

Sum tibi Mercurius; venio deus huc ego, ut ille

Pingitur: an renuis? vin' tu gaudere relictis? —

Deest aliquid summae — minui mihi; sed tibi totum est,

Quicquid id est. Ubi sit, fuge quaerere, quod mihi

quondam   65

Legarat Tadius; neu dicta repone * paterna:

* oppone.

Sechste Satire.

zu Rathe ziehſt, 60 ſo werde ich meinen Manius wo nicht zu einem nahen Vetter, doch beynahe zum Großoheime haben. Du, der du mir näher als Manius verwandt biſt, und alſo ordentlicher Weiſe mein Erbe vor ihm, erinnere dich, daß in jenen zu Ehren des Vulkans in Athen gehaltenen Spielen derjenige, welcher der erſte mit der Fackel in der Hand läuft, dieſelbe alsdann erſt, wenn er beym Ziele angekommen iſt, dem zweyten Läufer einhändiget; du, warum forderſt du ſie von mir, da ich ja noch im Laufe begriffen bin? warum willt du mein Erbe ſeyn, ehe ich noch den Lauf meines Lebens zu Ende gebracht habe? Du mußt mich als den Gott Merkur anſehen, ſo wie er, mit einem Geldbeutel in der Hand, gemahlet wird, aus welchem er ganz nach ſeinem Gutdünken, und wem er will, mittheilet. Wirſt du auf dieſes Bedingniß hier nichts von mir annehmen wollen? ſage es für ein und allemal: willt du dich einmal deſſen erfreuen, das ich werde hinterlaſſen haben? — Aber es fehlet etwas an der Summe, die du hätteſt hinterlaſſen können. — Habe ich ſie verringert, ſo habe ich ſie mir verringert; 65 was du über kurz oder lange von mir erben wirſt, das mußt du, nach Recht und Billigkeit, für etwas Ganzes anſehen, für etwas, davon nichts weggekommen iſt, ſo viel oder wenig es dann immer ſeyn wird. Frage mich ja nicht, wo jenes hingekommen ſey, das mir einſt Tadius vermächtnißweiſe hinterlaſſen hat; nimm ja mit mir nicht den Ton deſſen, dem man Rechnung geben muß, und ſprich nicht zu mir, wie etwan ein ſterbender Vater zum

"Foenoris accedat merces, hinc exime fumptus." —

Quid reliquum eft? — reliquum? nunc, nunc impenfius

unge,

Unge, puer, caules. Mihi festa luce coquatur

Urtica, & fiffa fumofum finciput aure, 70

Ut tuus ifte nepos olim fatur anferis extis,

Cum morofa vago fingultiet inguine vena,

Patriciae immejat vulvae? mihi trama figurae

Sit reliqua: aft illi tremat omento popa * venter?

Vende animam lucro, mercare, atque excute folers 75

Omne latus mundi, ne fit praeftantior alter

Cappadocas rigida pingues plaufiffe ** catafta,

* *popae.*   ** *clanfiffe; paviffe.*

Sechste Satire.

Sohne spricht: "Lege in Zukunft das Hauptgut auf Zinse, und nur mit diesen, nicht mit jenem, bestreite deine täglichen Ausgaben." [schlage Zinse zum Capital, und verringere zu dem Ende deine Ausgaben.] — Mit allem dem, wie viel wird für mich zurückbleiben? — Zurückbleiben! nun ist es Zeit, nun komm, mein Junge, gieß reichlich Oel auf meinen Salat, und wenn auch mein ganzes Vermögen aufgehen sollte. Sollte ich mir etwan, und selbst an einem Festtage, Nesseln kochen lassen, und den Rüssel eines verrauchten ranzichten Schweinskopfes, der in der Fleischbude so lange feil geboten war, daß ihm das eine Ohr, daran er die ganze Zeit über gehangen, zerrissen worden, nur damit dein wollüstiges Großsöhnchen sich mit der Leber und den gewähltesten Theilen eines jungen Gänschen nähren, und sich bey Patricierinnen in die kostbarsten Laster und Ausschweifungen bis zum Eckel stürzen möge? soll ich mich so aushungern, daß mir gleichsam nur der Zettel meiner Figur bleibe, und jenem Priester der Wollust der wohl ausgespickte Bauch vor Fett zittere? 75 Du, der du dir es in den Kopf gesetzet hast, deine geitzigen Erben zu befriedigen, erkaufe jede Gelegenheit, etwas zu gewinnen, und wenn es gleich mit Verluste deiner Seele, deines Lebens, seyn sollte; lege dich auf die Handelschaft, und durchforsche auf das fleißigste alle Theile der Welt; laß dir es von keinem andern Menschenmäckler zuvorthun, auf dem aufgerichteten Schaugerüste fette cappadocische Sclaven feil zu bieten, ihre Schönheit streichelnd anzupreisen, und durch deine Lobeserhebungen sie aufzu-

SATIRA VI.

Rem duplica — feci; jam triplex, jam mihi quarto,

Jam decies redit in rugam. Depunge, * ubi fistam:

Inventus, Chrysippe, tui finitor acervi!

* *depinge.*

muntern, sich selbst durch Vorweisung ihrer Künste und ihrer Fertigkeit den Käufern zu empfehlen; verdopple dein Vermögen — es ist geschehen; es ist einem Rocke gleich, an dem man immer mehr Falten wahrnimmt, schon ist es drey, schon vier, schon zehnmal so groß geworden. So Bezeichne du mir, mein künftiger Erbe, genau den Punkt, wo ich in meinem Sammlen stille stehen soll. O Chrysippus! spitzfündiger Philosoph! alsdenn werde ich dir das Körnchen weisen, ohne welches der Kornhaufen nie zum Haufen geworden wäre. [Chrysippus erfand eine Schlußrede, (Sorites oder Acervatio) durch welche er zeigen wollte, daß ein einziges Fruchtkorn einen Fruchthaufen ausmache: Er fragte, macht ein Korn einen Haufen aus? — Nein — wenn man ein Zweytes hinzuthut? — Nein — Ein Drittes? — Kurz, er that so lange immer eines hinzu, bis man Ja sagte. So ist es denn, sprach er, dieses letzte Korn, das den Haufen ausmacht, und folglich ist mein Beweis gethan.]